中国书籍学术之光文库

现代性与风险
风险视阈中的现代性研究

刘 挺 | 著

中国书籍出版社
China Book Press

图书在版编目（CIP）数据

现代性与风险：风险视阈中的现代性研究/刘挺著
.—北京：中国书籍出版社，2020.6
ISBN 978-7-5068-7791-6

Ⅰ.①现… Ⅱ.①刘… Ⅲ.①风险分析 Ⅳ.①C934

中国版本图书馆 CIP 数据核字（2019）第 293631 号

现代性与风险：风险视阈中的现代性研究

刘挺 著

责任编辑	刘舒婷　刘　娜
责任印制	孙马飞　马　芝
封面设计	中联华文
出版发行	中国书籍出版社
地　　址	北京市丰台区三路居路 97 号（邮编：100073）
电　　话	（010）52257143（总编室）　（010）52257140（发行部）
电子邮箱	eo@chinabp.com.cn
经　　销	全国新华书店
印　　刷	三河市华东印刷有限公司
开　　本	710 毫米×1000 毫米　1/16
字　　数	139 千字
印　　张	15.5
版　　次	2020 年 6 月第 1 版　2020 年 6 月第 1 次印刷
书　　号	ISBN 978-7-5068-7791-6
定　　价	95.00 元

版权所有　翻印必究

前　言

近20年来，"风险"这一概念在社会科学领域取得了典范型的地位，实际上，"风险"的解释潜力正在增强，在此背景下，从"风险"的角度来解读、理解现代性是本书所关注的焦点，也是着力要突破的方向。我们认为，现代性的众多维度，无论是在社会结构、社会制度和社会组织层面，还是在个体的主观经验层面，都包含着风险元素。风险构成了现代性的一个重要维度。所以，有必要以风险为视阈，通过对风险的研究，来更深入地认识现代性。这正如当代英国著名社会学家吉登斯所说："风险以及在风险评估当中对未来拓殖的企图如此重要，以至于对风险加以研究便能够提供我们认识现代性核心要素的相关信息。"[1]

风险是现代性的基本要素，对于风险的认真考量和管理是现

---

[1] [英]安东尼·吉登斯 著《现代性与自我认同》，生活·读书·新知三联书店，1998年版，第131页。

代社会的重要维度之一，也是现代人格的重要特征。民国时期的著名学者胡适曾说，"保险的意义，只是今天做明天的准备，生时做死时的准备，父母做儿女的准备，儿女幼小时做儿女长大时的准备，如此而已。今天预备明天，这是极稳健；生时预备死时，这是真旷达；父母预备儿女，这是真慈爱。能做到这三步的人，才能算是现代的人。"胡适的这段话现在被印在了众多保险代理员的名片的背面。在胡适看来，对于未来不确定事件——即风险的考虑，是现代人所应具备的重要品性，是现代人格的重要体现。

　　风险本质上是一个现代性概念，其出现与早期的殖民、航海和地理大发现密切相关，而风险社会则代表由工业现代性向自反性现代性、由简单现代性（第一次现代性）向高级相对性（第二次现代性）转型这样一个过渡阶段。反观当下中国社会，西方社会现代性的经验与教训已然昭示，风险与不确定性正不断涌来，尤其是近30年来，中国社会的典型特征是快速的社会变迁。据近期渣打银行高级经济学家斯蒂芬·格林的研究显示，一个美国年等于1/4个中国年，一个英国年等于3.1个中国月，也就是说，当今中国经济社会的变化速度是英、美等发达国家的4倍。但本质上而言，现代性在中国只不过是一个刚刚展开的过程，远未达及向自反性现代性转型的阶段。与其说中国进入了风险社会之中，不如说中国正处于一个各类社会风险的高发期，社会风险已成为重要的时代主题更为恰当。在这一背景下，研究风险与现代性的关系很有必要。

一、本书研究的理论和实际应用价值

"风险"是一个充满现代性气息的概念,"风险"概念的提出体现了一种现代性文明。对"风险"概念与现代性之间的关系进行再审视,我们发现,"风险"概念在分析现代性的过程中可以成为一个新的切入点,"风险"概念可以成为社会学分析现代性的一种新方式,而现代性也为风险研究提供了一个基本框架。

实际上,风险与现代性是相互影响、相互印证的,两者之间是一种双向互动的关系。从风险的角度来理解现代性,现代性的显著特点之一在于,其一方面不断释放各种新的风险,同时另一方面,对这些风险的认识和管理又不断回到对现代性的建构之中——无论是在社会制度层面,还是在个体的主观经验层面;从现代性的角度来理解风险,风险是现代性的重要产物,"风险"概念的引入意味着对自然、社会的控制与把握,对未来的创造,对风险的认识与管理是现代性的重要体现之一。

本书在研究中,既要厘清、剖析现代性的各个维度中的风险元素,同时也要通过这些风险元素来解读并反思现代性。即一方面从风险的角度,以风险的视阈来解读现代性;另一方面也以现代性为基本框架来理解风险,希望这一努力对于丰富有关现代性研究和风险社会学研究的理论与视角有一定的积极意义和借鉴作用，而这一研究的主旨也正是本书的理论价值与创新之处所在。

二、本项目目前国内外研究的现状和趋势

自1986年德国著名社会学家乌尔里希·贝克的《风险社会》一书出版以来，"风险"概念在社会科学领域逐渐取得了主流性的地位。实际上，"风险"正被越来越多地运用于解释各种社会现象和社会问题，一门新兴的社会学分支学科——风险社会学，正逐渐成形并不断发展壮大。但同时，我们可以发现，以往的风险社会学研究，偏重的是在"后现代性"或"高级现代性"的语境下来谈论风险，如贝克认为，人类社会将逐渐进入一个与传统的现代化社会完全不同的"风险社会"之中。在传统的现代化社会中，人们相信理性力量可以控制自然和社会，这种对社会的看法可以称为一种"常态社会"的观点。但是，随着科学技术的高速发展以及经济全球化的迅猛推进，人类社会进入了一种"高级现代性"阶段，以往"常态"社会的观点日益不能符合社会的实际情况，人们不得不正视世界已开始进入"风险社会"这一事实。在"风险社会"中，应对各类风险开始成为社会最关注、最重要、最复杂的工作，这正如贝克曾令人瞩目地宣称，风险已经取代了阶级和其他的经济和社会变量而成为现代生活中最根本的

组织力量。

而本书通过研究发现，风险不仅是"后现代性"或"高级现代性"的一个主要元素，风险更是滥觞于启蒙运动和工业革命的现代性文化的一个重要元素，"现代性最强调控制，即让世界服从于人的支配"（吉登斯，1998）。而要实现这种控制，就需要引入"风险"概念，这个概念一方面意味着未来的一种"不确定性"，另一方面也意味着对这种"不确定性"进行控制，即"借助拓殖未来的方式来实现这种控制"。

社会学大师马克斯·韦伯曾将现代社会的特征描述为由理性化的进程所推动，其原则是将目的性——理性行动的准则运用于各个领域的社会行动，从生产、工商到政府，以及日常生活的行为；当代社会学家安东尼·吉登斯通过描述在现代组织和现代生活中更普遍的反思性的重要性来阐释这一主题，组织和个体正越来越多地以系统化的方式来监控他们的行为，并且用科学知识和专业知识来影响他们的决策。每一个这些相互联系的进程：理性化、反思性，都是现代性与众不同的特征，每一个被设想出来都是为了识别、度量和管理那些由特定的个体和组织所面对的各种各样的风险。所以说，现代性是一种风险文化。现代性既产生了风险，也产生了对这些风险的理解认识和管理机制，而这些理解认识和管理机制又进一步建构了现代性，成为现代性的重要维度。

纵观有关现代性社会学和风险社会学的研究，我们发现，在现代性研究中，关于现代性的描述和理解是多样性的，但尚缺乏对现代性的各个维度中"风险"元素的深入分析，也缺乏从风险的视阈来解读现代性的研究。事实是，要想全面、细致地展现现代性所涵盖的所有方面的内容与特征是几乎不可能的，而从一定的视角对现代性的主要特征进行分析、描述却是可行的。基于此目的，本文重点从风险的视角来研究现代性。但在风险研究中，以往常常将风险视为"后现代性"或"高级现代性"的一个重要标志，而缺乏从现代性的角度来研究和审视风险。不过，现代性在自启蒙运动、工业革命后开始萌发的过程中，风险及风险文化一直是其重要特征，风险一直伴随着现代性的进程。本书正是针对这一观点展开深入研究。

目 录
CONTENTS

导 论 ······ 1
  一、本书的研究目标 ······ 1
  二、本书的主要研究内容 ······ 1
  三、本书的主要观点 ······ 11

第一章 何为风险：风险概念的历史梳理 ······ 12
  一、风险的定义 ······ 12
  二、风险概念的历史梳理 ······ 22
  三、社会学风险研究的主要理论视角 ······ 37

第二章 何为现代性：现代、现代化、现代性 ······ 43
  一、现代性的定义、起源及特征 ······ 44
  二、古典社会学与现代性 ······ 56
  三、现当代社会学与现代性 ······ 62

第三章　现代性与风险 ………………………… 68
一、现代性与风险 ………………………………… 69
二、现代性与风险管理 …………………………… 80

第四章　现代性的三大理论模型与风险 ………… 91
一、社会分化与风险 ……………………………… 91
二、理性化与风险 ………………………………… 101
三、专家系统与风险 ……………………………… 105

第五章　现代性的社会制度层面的风险元素 …… 112
一、资本主义与风险——无风险、无利润、无资本主义 … 115
二、福利国家：风险管理的国家 ………………… 117
三、社会保险制度与风险 ………………………… 125
四、现代法治与风险 ……………………………… 131

第六章　现代性的个体层面的风险元素：现代意识 风险意识 …………………………………… 134
一、现代人格与风险意识 ………………………… 136
二、现代性独特的价值观与风险 ………………… 139

第七章 现代性的风险 ·················· 145
　一、前现代性的风险 ·················· 145
　二、古典现代性的风险 ················ 146
　三、高级现代性的风险 ················ 147
　四、全球化对现代性的挑战 ············ 158

后　记 ···························· 222

参考书目 ·························· 224

导 论

一、本书的研究目标

深入剖析风险与现代性的相互建构、双向互动关系是本书关注的焦点和研究的主要目标，也是着力要突破的方向。本书一方面从风险的角度来解读现代性，另一方面也以现代性为基本框架来理解风险。既要厘清现代性的各个维度中的风险元素，也要通过这些风险元素来阐述并反思现代性。

二、本书的主要研究内容

（一）何为风险

风险已成为当前社会学研究领域中的一个重要概念，即在很多方面，风险成了看世界的新窗口。

1. 风险的定义

风险是一个弹性的和充满争议的社会科学概念，很多学者都曾给"风险"概念下过定义。乌尔里希·贝克在其著作《自由与资本主义》中指出，风险概念是一个很现代的概念，是个指明自然终结和传统终结的概念。风险概念表明人们创造了一种文明——一种现代性的文明，对一些不可控制的事情采取积极的措施。

2. 风险概念的历史梳理

在工业社会之前的大多数传统文化中没有"风险"这个概念，"风险"一词大约起源于16世纪的欧洲，指早期商业世界中探险、贸易、殖民扩张活动的结果不确定性，用于进入未知水域的航行，并与萌芽的保险概念相关。自工业革命、现代化以来，"风险"这一概念一直在持续形塑着现代社会，无论是个体意识、现代人格，还是社会组织、社会制度，都受到它的深刻影响。

3. 社会学风险研究的主要理论视角

近些年来，在社会学有关风险的研究领域中，逐渐出现了三个主要的理论视角，分别是：现实主义的视角、建构主义的视角和"治理术"的视角。

（二）何为现代性

1. 现代性的定义

所谓现代性，简单地说，无非是把现代社会在经济、政治和文化思想上与传统社会区分开来的特点。"现代性"一词在人文社会科学领域中被频繁地使用。

2. 古典社会学与现代性

古典社会学的诞生与现代性紧密相关，19世纪欧洲古典社会学发展的一个主要动力来自对于现代性的分析。从社会学的奠基者们开始，对现代社会形成的研究就是成就最为显著的社会学主题，他们认为，社会学是作为一门现代性的科学而诞生和发展的，是理解现代社会的一项努力。早期经典社会学家迪尔凯姆、腾尼斯、韦伯、齐美尔等致力于研究人类社会伴随着工业革命，从传统农业社会向现代工业社会的巨大变迁，都将他们的注意力集中在分析现代的突变上，在此基础上产生了社会学意义上的现代化和现代性理论。

3. 当代社会学与现代性

在以帕森斯为代表的结构功能主义者的观点看来，现代性可以用前所未有的结构—功能分化水平来界定，同时，这一阵营中迄今最为著名的关于传统性/现代性理想类型的建构，把西方社会视为现代性的标杆，而广大第三世界国家则经由西方价值观、技术和资本的扩张，沿着进化的阶梯，或快或慢地去追求、获得现代性。

（三）现代性与风险

1. 现代性与风险

理性化、反思性、通过审计进行的监管，都是现代性与众不同的特征，每一个被设想出来都是为了识别、度量和管理那些由特定的个体和组织所面对的各种各样的风险。

无论是在社会制度层面，还是在个体的主观经验层面，现代性的众多维度都体现出了风险元素以及风险元素在其中的建构性。而"风险"概念，一方面由现代性所引发，另一方面也在塑造着现代性本身。

"风险"概念与现代性相互影响、相互印证。就风险与现代性的关系而言，现代性与风险是相互建构的。一方面，现代性是一个不断释放出各种风险的过程；另一方面，对这些风险的认识、反思和管理又构成现代性的重要维度。

2. 现代性与风险管理

风险及风险管理构成了现代性的一个重要维度，也是区分一个社会是否获得了现代性的一个重要标准，掌控风险被认为是划定了现代与过去之间的界限。正式的风险管理成为现代社会特有的制度之一，成为现代性的重要体现。

（四）现代性的三大理论模型与风险

现代性的三大理论模型分别是：社会分化、理性化和专家系统。以下从风险的角度来解读和理解这三个模型。

1. 社会分化与风险

对于现代化的研究，经济学强调"起飞"，社会学则强调结构功能的"分化"。其中，"分化"与现代社会普遍而发达的社会分工有关。美国社会学大师帕森斯认为，"社会分化的水平成为能定义一个社会的现代性的主要标准"①。现代性能定义一个复杂和异质的社会，在这种社会中，个体强化他们的特殊性，从而使个体变得越来越互不相同。而这同时要求个体有越来越多的互补性。现代个体在显现自己的独特性的同时，对他人的依附也不断增加。现代社会的众多风险，正源于这一依附性，生活在现代社会中，每个个体的众多需求不可能由自己亲力亲为以获得满足，而是需要依赖于他人提供的劳动与服务，这一过程中充满了不确定性，这就是风险。

2. 理性化与风险

"风险"概念的出现，是理性化的一个重要标志。人们希望

---

① [法]达尼洛·马尔图切利 著《现代性社会学》，译林出版社，2007年版，第79页。

运用理性的工具能帮助自己把握未来，减少不确定性，而不是像以往那样，把自己的命运交给宗教，交给一种神秘的力量。理性化表明人们已认识到，在现代性中不存在能干预社会生活的不可预测的神秘力量，社会生活几乎完全地、唯一地成为理论预测的对象。理性化将"导致不断增加的行为的规律性和可预测性"（马尔图切利，2007），这正是对"不确定性"即风险的一个承认、控制的过程。

3. 专家系统与风险

专家系统的出现，是现代性的重要标志之一。在现代社会，对风险的反思性态度使得一系列职业化的专家系统开始兴起，它们的任务就是对特定的风险进行正式的测量和管理。这些不同种类的专家，包括工程师、化学家、流行病学家、交通规划师、精算师、金融分析师、社会工作者、犯罪学家、健康和安全官员，以及无数的其他专家，都是被用来识别、分析和控制特定的风险的。在很大程度上，专家系统可以说是一种风险管理系统。

（五）现代性的社会制度层面的风险元素

构成现代性重要维度的众多现代社会制度，如福利国家制度、社会保险制度等，都是为了应对工业化过程中的不确定性——风险，而产生并发展的，是为了使工业化所造成的"副作用"具有可控性。

1. 资本主义与风险

资本主义不是为满足自己需要而是纯粹为交换而生产的生产方式，其从一开始就充满风险，甚至，很多资本家正是充分利用这种风险来获取超额利润。无风险，无利润，无资本主义。在这个意义上，自现代资本主义占据统治地位后，风险以及对它的管理已经成为现代社会管理中的重点。

2. 福利国家与风险

风险管理的尝试是建立在民族国家基础上的福利国家政府之为政府的基本方面。福利国家是一个风险管理的国家，国家的福利制度被理解为是一种风险管理制度：国家有义务为受到失业、贫困、疾病、灾害或其他福利制度涵盖的风险影响的人们提供援助。这种援助很大程度上表现为福利国家有效地实现了公民整个生命周期社会保险的普遍化，意味着全社会相对固定的风险分配。

3. 社会保险制度与风险

保险是现代世界经济秩序的核心要素，在一个创造财富、以未来为取向的社会中，社会保险是解决风险的方法。现代社会借助于概率论、统计以及系统化的测量和控制技术的发展，在评估和管理风险方面变得越来越成功，其中的一个重要手段是保险。从19世纪末期开始，各种形式的保险开始成为社会和经济政策中的一个重要元素。政府利用保险的技术来保障公民抵御社会和经济的风险，减少社会冲突，保险成为一种重要的治理工具。

4. 现代法治与风险

风险是现代法治社会中一个重要元素，它能促进决策，并使得人类行为可能更加具有责任心。现代法治社会的出现，各种法律、法规出台，其功能是提供并维持社会的信任机制，降低并分配风险。现代社会中一系列新的法案的出台，如消费者权益法、侵权法和产品责任法等，这些法律条文的功能，与其说是发现缺陷和分担指责，不如说是以有效和公平的方式分配风险。

（六）现代人格与风险意识

1. 现代人格的显著特征

现代人格的显著特征表现为：相信自己的能力，能够独自或与他人合作来控制自然的威胁和社会的问题；关注点放在当下和未来而不是过去；为了实现公共和私人的目标而预期和组织未来行动的能力；等等。这些都和个体致力于创造自己的未来，对未来不确定因素进行控制有关，也都需要引入"风险"概念。

2. 现代人格与风险意识

对未来关注，"朝向未来"是现代人格的重要特征，而"风险"概念的引入就是帮助现代人创造自己的未来。风险关涉的是未来发生的事情，随着"风险"概念的引入，过去失去了决定现在的权力，它的位置被未来所取代。而风险意识，即对未来的"不确定性"的认识与重视也成为广泛存在的人生体验。

3. 现代性独特的价值观与风险

现代性的价值观，如个人主义、理性主义和功利主义，体现了现代社会中人们的两个主要追求目标：一是自由，二是控制。由启蒙运动、工业革命和市民社会的出现所开启的力量极大地改变了人们所生活的处境，社会与以前的存在状态出现了质的不同，未来变得可以被创造了，现代性文化正是在这种背景下孕育的。18—20世纪的动荡源自由启蒙运动和工业革命所引发的巨大社会变迁，在此进程中，人们在追求自由，这是个人主义的核心内涵，同时也在追求对可以管理与自由相联系的——风险的控制。现代性文化是一个背景，在其中，我们演出的是在追寻创造我们未来过程中的一幕自由和控制的戏剧。一方面，自由意味着更多的不确定性，更多的风险，自由的选择、自由的追求将会使人们面临更多的不确定因素；另一方面，控制则意味着对这些不确定性和风险的承认、认知、分析，以及在此基础上的一系列应对方法和技术。

（七）现代性的风险

1. 前现代性的风险

前现代性的风险主要源自物质的匮乏、生产力的低下和控制自然能力的低下，相应地，其风险主要表现为饥荒、自然灾害、疾病、贫困等。

2. 古典现代性的风险

古典现代性的风险就是工业革命后，在工业化、现代化进程中出现的各种风险和副作用。古典现代性的风险是在现代化的进程中社会发展所面临的一些关键性的门槛，如城市化、失业与贫困问题、阶级冲突、环境污染等。可以说，对于工业化过程中出现的各种风险也即现代化的"副作用"的回应，构成了现代性的重要维度之一。

3. 高级现代性的风险

高级现代性的风险开始于20世纪七八十年代，也就是伴随着后工业社会的到来而出现的一系列新型风险。前现代性和古典现代性的风险——"自然的威胁"（如干旱、地震和洪水）和事故（工伤、火灾）是地方性的——受到时间、空间和地点的限制，有害的后果可以通过制度化的行动和程序加以削减；而充满"人为不确定性"的高级现代性的风险是全球性的，难以预测和不服从制度化的调控。

4. 全球化对现代性的挑战

作为现代性在社会制度层面的重要体现的福利国家，它的三个结构性根源：民族国家、劳资妥协和风险管理，在全球化的进程中都面临着诸多困境。全球化时代的风险已经超越了任何一个单一民族国家的疆界，曾经是现代性在制度上重要的体现，以现代民族国家为基础的社会风险管理机制受到了极大的挑战。

三、本书的主要观点

第一，现代性文化是一枚硬币，硬币的正面是"自由"，背面是"控制"，而"风险"概念的引入，正是"自由"和"控制"之间的一个平衡点。

第二，风险与现代性是相互影响、相互建构的。现代性最显著特点之一在于，其一方面不断释放新的风险，同时另一方面，对这些新风险的认识和管理又不断回到对现代性的建构之中，无论是在社会制度层面，还是在个体的主观经验层面，现代性的很多维度都体现出了风险元素以及风险元素在其中的建构性。

第三，从风险的角度来理解现代性，现代性是一种风险文化，这种风险文化体现在现代性的众多维度——我们能称之为现代性特征的地方，无论是理论模型、社会制度、文化价值观，还是个体经验意识层面，都体现出了风险元素在其中的建构性；从现代性的角度来理解风险。风险是现代性的产物，风险已成为现代性的一个基本特征，现代性所强调的控制，对"未来的拓殖"，都需要引入"风险"概念。

第一章

何为风险：风险概念的历史梳理

一、风险的定义

毫无疑问，在当今社会，"风险"一词就如同"话语"，或"后现代主义"，或"全球化"一样，已经成为一个非常时髦、流行的词汇，并且有时甚至会被过度使用。"20世纪70年代以来，在西方大约没有一个概念能够像'风险'一样，得以在众多学科中日益受到青睐。"[①] 可见，"风险"已成为当前学界乃至商界和政界的一个重要概念。

[①] 周志家 著《风险决策与风险管理——基于系统理论的研究》，社会科学文献出版社，2012年版，第77－78页。

第一章 何为风险：风险概念的历史梳理

"广义地讲，风险是指一切对人及人所关心的事物带来损害的事件与行为的可能性。风险的实质是其不确定性。"① 而实际上，"风险"是人类经历的普遍存在的要素之一，可以说，风险是以未来为导向的人类计算的产物；风险是有关可能事件的估算，且不会存在于我们有关它们的知识之外。"风险作为一种客观存在是人类生活中的基本现象。"② 从人类社会早期开始，人类就总是与机会、不确定性以及涉及一个未知未来的风险相伴。风险是一个有计划行动的必然结果，人类只要致力于有目的、以未来为导向的行动，他们就会面临遭遇不幸的可能性，并且要努力试图控制这种可能性。从人类社会早期的打猎采集、种植庄稼、制造工具到做出承诺、组建家庭、养育孩子，所有这些人类行动的最基本方式，都涉及"拓殖未来"的企图，即在某个可预期的未来时间，实现当下的计划。

于是，关于未来会带来什么的相关知识，以及控制它的方法，便成了人类生活中的基本工具，这也是人类财富中最值得追求的部分。追求了解未来和控制它的技术的方法，从一开始就伴随着人类的生产生活，也由此产生了占卜、征兆、预兆和供奉祭祀以求神灵相佑等一系列活动，在中国古代社会的占卜，在西方

---

① [美]珍妮·X·卡斯帕森等 编著《风险的社会视野》（上），中国劳动社会保障出版社，2010年版，主编序（二），第5页。
② 庄友刚 著《跨越风险社会：风险社会的历史唯物主义研究》，人民出版社，2008年版。第35页。

中世纪的法术、巫术，这些被现代眼光视为"迷信"的活动，都是当时人们试图控制周围环境，以应对危险、损害等未来不确定性的一种企图。

随着时代的发展，后来逐步出现了更加理性的方法，如从过去的经历中进行归纳，以及对于季节性模式和短暂性周期的仔细观察以总结规律。这种努力从19世纪开始得到了进一步的鼓励，当时人们发现：社会行为，一旦它的模式被加以识别和相关的准则被建立起来，就能够更好地被加以控制。

发展到今天，众多有关风险的论述已经赋予了这个术语多元化的意义和内涵，如"风险是一种计算，风险是一种商品，风险是一种资本，风险是一种治理的技术。风险是客观的，是可以在科学上被了解和认知的；风险是主观的，是被社会性地建构起来的。风险是一个问题、一个威胁、一个不安全的来源；风险是一种愉悦、一种兴奋、一种利润和自由的源泉。风险是一种我们可以借以拓殖和控制未来的手段"，风险社会"是我们晚近的现代世界，这个世界在很大程度上已摆脱了人们的控制"。风险一词充满了有趣的悖论，"风险关涉个体的担忧和社会的权利；风险有时和自由的选择有关，有时又是被强加的；风险是可以被管理的和被加以保险的，或者相反，风险是压倒性的和无法控制的"。[①] 可以说，风险已成为当前学术界尤其是社会学界的一个重

---

① Culpitt, Ian. Social Policy and Risk . SAGE Publications, 1999, p.9.

要概念，"在很多方面，风险成了看世界的新窗口"①。

所以，风险是一个弹性的和充满争议的社会科学概念，很多学者都曾给"风险"概念下过定义。澳大利亚学者狄波拉·勒普顿指出："'风险'是一个中性的概念，特指某些事情发生的可能性，与其相联系的损失和收益的规模有关。"② 当代德国著名社会学家乌尔里希·贝克认为："风险概念是一个很现代的概念，是个指明自然终结和传统终结的概念。或者换句话说：在自然和传统失去它们的无限效力并依赖于人的决定的地方，才谈得上风险。"③ 当代社会学大师吉登斯则指出："风险被认为是控制将来和规范将来的一种方式。"在他看来，"风险是一个致力于变化的社会的推动力，这样的一个社会想要决定自己的未来而不会任由它走向宗教、传统或者自然界的反复无常"。④ 伯恩斯坦则指出风险"使将来服务于当前"⑤，他同时认为，风险给人们带来了一种新观念，即"未来并非仅仅是上帝心血来潮的产物，人类在自然

---

① [英] 彼得·泰勒－顾柏等编著《社会科学中的风险研究》，中国劳动社会保障出版社，2010年版，第187页。
② [澳大利亚] 狄波拉·勒普顿著《风险》，南京大学出版社，2016年版，第6页。
③ [德] 乌尔里希·贝克，约翰内斯·威尔姆斯 著 路国林 译《自由与资本主义》，浙江人民出版社，2001年版，第118页。
④ [英] 安东尼·吉登斯 著《失控的世界》，江西人民出版社，2001年版，第18—22页。
⑤ [英] 珍妮·斯蒂尔 著《风险与法律理论》，中国政法大学出版社，2012年版，第9页。

面前并非被动"。① 现代人能免受命运的支配，能够自由进行决策。德国社会学家卢曼也认为，"风险"一词的运用表明"人们一般不再将自己的命运寄托在外来力量的主宰上面，而是将它与自己的决定紧密地联系起来"②。

风险既是客观的存在，也是主观的感受。"风险部分地是对人们的一种客观的伤害的威胁，部分地是文化和社会经验的一个结果。"③ 就风险的客观性而言，"风险是在自然中先天存在的并且在原则上是能够通过科学的衡量和计算进行鉴别并运用这些理论进行控制的"④。而令社会科学家们所感兴趣的就是：不同的个体、群体或社会，在他们理解、选择风险以及对他们所建构的风险做出反应的方式上，是完全不同的。所以，有的学者认为，"风险完全是一种社会的、文化的和心理的现象，关于值得担忧的风险的选择，对于风险所做出的判断，有关风险管理方面的责任分配，以及处理风险所采用的方法等等，以上这些方面，在不同的个体之间、群体之间和文化之间差异很大"⑤。因此，"风险

---

① ［英］珍妮·斯蒂尔 著《风险与法律理论》，中国政法大学出版社，2012年版，第31页。
② 周志家 著《风险决策与风险管理——基于系统理论的研究》，社会科学文献出版社，2012年版，第3页。
③ ［英］尼克·皮金等 编著《风险的社会放大》中国劳动社会保障出版社，2010年版，第36页。
④ ［澳大利亚］狄波拉·勒普顿著《风险》，南京大学出版社，2016年版，第19页。
⑤ Ericson, Richard V, Doyle. ed. Risk and Morality. University of Toronto Press, 2003, p.69.

固有其'自然根源',但归根结底是社会建构的现象"。① 人们对风险的感受和感知受到各种背景因素的影响,这些背景因素包括:对风险的熟悉程度、对风险管理制度的信任和信心、社会价值观、文化机构和政治结构等。

风险与可计算性和不确定性有特定的关联。风险的可计算性是指"只有潜在的不良结果能够用概率加以计算时才可称之为风险"②。关于风险与不确定性的关系,社会学家彼得·泰勒-顾柏认为:"风险与不确定性相关,是由行动或政策引发的可能性、机会或可能事件。"③ 吉登斯认为:"风险这个概念与可能性和不确定性概念是分不开的。当某种结果是百分之百的确定时,我们不能说这个人在冒风险。"④ 而经济学家弗兰克·奈特则认为,风险与不确定性还有所区别,他曾经把流动的、难以捉摸和预测的事态分为两大类,即风险和不确定性。"在他看来,风险在一定程度上可以计算其盖然性或者概率从而进行预测,而不确定性是指完全无法计算和预测的事态。"⑤

需要认识到,当前社会学领域对于风险的定位和认识还是比

---

① [英] 彼得·泰勒-顾柏等 编著《社会科学中的风险研究》,中国劳动社会保障出版社,2010年版,第31页。
② [英] 珍妮·斯蒂尔 著《风险与法律理论》,中国政法大学出版社,2012年版,第7页。
③ [英] 彼得·泰勒-顾柏等 编著《社会科学中的风险研究》,中国劳动社会保障出版社,2010年版,第1页。
④ [英] 安东尼·吉登斯 著《失控的世界》,江西人民出版社,2001年版,第18页。
⑤ [英] 珍妮·斯蒂尔 著《风险与法律理论》,中国政法大学出版社,2012年版,序言第1页。

较新的。在20世纪80年代之前，学术界对于风险的兴趣主要集中在自然科学领域，而不是社会科学领域。然而，20世纪80年代以后，一系列重要事件的发生——其中包括前苏联切尔诺贝利核反应堆爆炸、疯牛病危机等，引发了有关风险的关键议题，也使得社会学家们不得不努力应对"风险"问题。在当前社会学研究的许多关键领域，如阶层分析、人际关系、福利制度、社会冲突、生态问题等，都开始利用"风险"概念并受到相关"风险"理论的影响，当前对于风险问题的先入之见也代表了社会学领域中逐渐兴起的一种关注于现代性的负面特征的趋势。

"风险概念表明人们创造了一种文明，以便使自己的决定将会造成的不可预见的后果具备可预见性，从而控制不可控制的事情，通过有意采取的预防性行动以及相应的制度化的措施战胜种种副作用。"① 尤其是自工业化、现代化以来，"风险"这一概念一直在改变和形塑着现代社会，无论是个体意识层面，还是社会制度层面，都受到它的深刻影响。可以说，"风险"与现代性紧密相关，正如吉登斯所强调的，风险不仅仅是"否定的"或"消极的"，同时也是一个"充满活力的准则"，与现代性的文化、经济和技术活力联系在一起。

具体来说，风险具有以下的特征。

---

① ［德］乌尔里希·贝克，约翰内斯·威尔姆斯 著 路国林 译《自由与资本主义》，浙江人民出版社，2001年版，第118页。

风险具有双重来源。引发风险的因素既可能来自自然界，也可能来自人类本身，而且在目前，后者已经成为风险的根本性来源。很显然，"社会与它所在的自然系统是相通的，对自然系统的威胁往往又来自于人类活动"。① 这其中有两层含义：一是人类发明的技术、制度安排以及做出的各种决策、采取的各种行动都可能带有风险，尽管其中大部分的目的是要预防、减少甚至控制风险；二是人类的行为加重了自然界本身所具有的风险。这一方面表现为人类为了改善生产生活条件而破坏了自然环境和自然规律，从而引发了包括"温室效应"、沙尘暴、赤潮、转基因食品等在内的一系列问题。这也正体现了当今时代风险的人为性。这也是英国社会学大师吉登斯所说的"被制造出来的风险"（manufactured risk）。很长一段时期以来，风险主要被理解为由无法抵御的自然力量或类似于自然力量的人类的外部干涉活动所造成的后果——"外部风险"（external risk），是来自外部的、因为传统或者自然的不变性和固定性所带来的风险；而现在对于风险的认知则包括了这样一种意识：人们为了减轻风险而通过各种技术对自然进行的干预和通过各种政府政策或经济活动对社会进行的干预有可能产生无法预测的和更难以控制的风险——"人为风险"或"被制造出来的风险"（manufactured risk）。② 尤其是当前，伴

---

① ［美］珍妮·X·卡斯帕森等 编著《风险的社会视野》（上），中国劳动社会保障出版社，2010年版，致中国读者，第10页。
② ［英］安东尼·吉登斯 著《失控的世界》，江西人民出版社，2001年版，第22页。

随着经济全球化所带来的巨大的社会变迁,人们所承受的风险也在发生变化,新型的人为风险不断出现,如与经济全球化所带来的技术变迁、国际资本流动、社会排斥等有关的失业风险、金融风险、生态风险等,与此并存的还有人为制造的各种其他风险,如由金融风险引发的全球经济崩溃和大规模贫困、全球人口过剩、流行性传染病、跨国恐怖主义等。这些被制造出来的风险层出不穷,在各个领域都有所表现,其中很多风险是以往的人类社会从未面临过的。

风险具有可计算性和不可计算性。可计算性说明了风险是一个现代概念,风险的可计算性体现为人类已经发展了一系列计算方法和测量工具来估算风险造成的损害及其相应的补偿措施。但可计算性是相对的,只是体现了人类控制和减少风险的企图,经济补偿无法完全抵消风险带来的伤害,并且不能从根本上消除风险并阻止风险的发展,因此必须承认风险的不可计算性。不可计算性揭示了风险发生后的不可逆性。随着风险规模和影响的扩大,其不可计算性更加突出,尤其是当今社会,大量由技术导致的风险,诸如与化学污染、原子辐射以及转基因生物有关的风险,其特点之一就是无法通过感官去了解,它们不仅无法计算,甚至已超出了人类自然感知的范围和常规想象的范围,不能通过规则或因果律来加以把握,从而也就无法防卫、补偿或保险。正如贝克所言:"工业社会已经通过自身系统生产出来的危险而不情愿地成长为风险社会,其平衡只能在保险之外去寻求。"① 而承认风险的不可计算性有利于人类反思其所处的现代性景况。

风险是积极结果与消极后果的结合体。风险既可以被理解为危险和不确定性,也可以被理解为机会、机遇。而且如果应对得当,风险可以被减小、避免,甚至能转化为成功的机会。并且在现实生活中,从不同的角度出发,也会看到风险的积极和消极的不同侧面。如当被问到如何定义"风险"时,个人之间的回答就会出现差别,宿命论者把"风险"视为消极的、可怕的,会产生意料之外的结果;乐观者则认为,遇到风险或冒险是个人自我完善所必需的,能够张扬个性,或者冒险是为了控制风险。而在我们的日常话语中,也经常说"风险与机遇并存",也是对风险向积极结果转化的强调。在如何应对风险上的争论,常常也是因强调风险的不同后果而引发的。如利用某个现代技术解决灾害的政府部门和公司总是力图劝说公众信服该技术的优点,而反对者则认为这种技术会带来其他的风险,并成为他们牟利的手段。②

风险是现实性和非现实性的统一体。在风险的既成破坏性后果和潜在的因素之间存在着区别,在这个基本的意义上,风险既是现实的又是非现实的。一方面,许多危险和损害今天已成为现

---

① 芭芭拉·亚当,乌尔里希·贝克 等编著《风险社会及其超越:社会理论的关键议题》,北京出版社,2005年版,第11页。
② 关于风险具体特征的论述 参见 杨雪冬"全球化、风险社会与复合治理"载《马克思主义与现实》2004年第4期。

实：水源的污染、森林的毁灭、新型的疾病、大规模的失业、严重的贫富分化、激烈的社会冲突和对抗等；另一方面，风险的实际的社会动因存在于未来计划中的危险之中，它和预防性的行动之间存在着实际的关联。风险在本质上表现出一种未来的成分，这建立在将当前可预计的损失延伸到未来的基础之上。从本质上讲，风险与预期有关，与还没有发生但是正在构成威胁的损害有关。风险预示着一种需要加以预防的未来，风险与某种非现实性相关。"风险意识的核心不在于现在，而在于未来。在风险社会里，过去失去了决定现在的权力，它的位置被未来所取代，被某些作为当前行动的原因的非现实的、被发明的和虚构的东西所取代。"[①] 今天，人们变得积极起来，是为了防止、缓和或预防明天或后天的问题和危机。

二、风险概念的历史梳理

"风险"这一词语的源头可以说众说纷纭，沃顿风险管理与决策过程中心以阿拉伯语的"risq"（"可从中获利之物"——1992）为其渊源；而著名德国社会学家卢曼则认为这个词最早于

[①] Beck, Ulrich. Risk Society. SAGE Publication, 1992, p.34.

16世纪中叶就已在德语中使用,其前身则是拉丁语的"riscum";① 另"根据人本主义者彼得·蒂默曼的研究,'风险'一词在1660年代由法语借用到英语中,更早时是从意大利语中的表示在危险的岩石间择路前进的'riscare'得来的"。②

总体而言,"风险"一词大约起源于16世纪的欧洲语言,"风险这个词似乎在中世纪就已成为一个概念,用于进入未知水域的航行,指早期商业世界中探险、贸易、殖民扩张活动的结果不确定性,并与萌芽的保险概念相关"③。在当时,"'风险'特指一个客观危险的可能性、神的行为、不可抗力、一场狂风暴雨或者其他不能归咎于错误行为的海洋风险"④。可见,对风险问题的直接探索始于近代地理大发现的新航路开辟时期,这一时期开始形成了比较明确的风险概念,"西方探险家在开始他们的全世界航海时,他们第一次创造了这个概念"⑤,而在工业社会之前的大多数传统文化中没有风险这个概念。"传统文化中并没有风险概念,因为它们并不需要这个概念","所有以前的文化与文明包

---

① 参见[英]彼得·泰勒-顾柏等 编著《社会科学中风险研究》,中国劳动社会保障出版社,2010年版,第3页。
② [英]尼克·皮金等 编著《风险的社会放大》中国劳动社会保障出版社,2010年版,第51页。
③ [英]彼得·泰勒-顾柏等 编著《社会科学中的风险研究》,中国劳动社会保障出版社,2010年版,第3页。
④ [澳大利亚]狄波拉·勒普顿著《风险》,南京大学出版社,2016年版,导言,第4页。
⑤ [英]安东尼·吉登斯 著 周红云 译《失控的世界》,江西人民出版社,2001年版,第18页。

括世界上最伟大的早期文明如罗马或者传统中国都主要是存在于过去，他们使用运气、命运或者上帝的意志等概念"。① 总之，"风险概念大约于17世纪通过法语和意大利语进入英语世界。在接下来的两个世纪中，不再指一种可怕的力量，而是逐渐与人的决定和行动的后果联系起来，并被看作是影响个体和群体应对事件的特殊模式。只是在这种背景下，风险概念所包含的时间维度上的、尤其是理性的不确定性，才凸显出来"②。

最初的风险概念被用于灌输谨慎小心和深谋远虑的思想，以及今天的行为要考虑到未来会发生什么的道德责任。到17世纪时，这种思想和存在的新方式又被披上了某种理念，即计算某些事情有可能发生的机会，并评价与那些机会有关的行为的功效。风险随后开始作为一种预测的概念出现，它是担忧和危害之间的中介，并跨越了事实和价值。这一时期，风险对于道德习性变得重要起来，通过它，人们开始消费未来：发明保险、购买保险，设置损失预防的技术，以不懈的努力来分配危害并使危害最小化。

而在18世纪和19世纪期间，那些最早开启现代化进程的欧洲国家，为了应对工业革命过程中大规模城市化和工业化所造成

---

① [英]安东尼·吉登斯 著 周红云 译《失控的世界》，江西人民出版社，2001年版，第17—19页。
② 刘岩 孙长智 "风险概念的历史考察与内涵解析"，载《长春理工大学学报（社会科学版）》，2007年第3期，第29页。

的社会变迁和动荡，发展出了概率论等统计科学，这也"体现了当时认为理性的计数和排序可以治理社会紊乱的想法"①。在18世纪，以概率数学为基础，"风险"这一概念开始被科学化；而到了19世纪，"风险"概念被进一步扩展，"它不仅被限定在自然领域，而且也存在于人类当中，在他们的行为中，在他们的自由中，在他们之间的相互关系中，在他们与所处社会彼此联系的这一事实当中"②。

风险，是一个面向未来的概念，它体现出了现代性与传统性的区别。传统性即看重历史，正如古罗马著名哲学家西塞罗所言，"以史为师"，"将历史看成是一个引导人类行动的丰富的事例宝库"；而现代性则面向未来，"现代世界被认为是一个向未来开放的世界"③。风险在本质上也表现出一种未来的成分。风险必定是面向未来的，这建立在将当前可计算的损失延伸到未来的基础之上。从本质上讲，风险与预期有关，与还没有发生但是正在构成威胁的损害有关。风险预示着一种需要加以预防的未来。

所以，正是"风险"概念的引入，意味着"经过筹划的生活"成为可能，已经掌握了风险观念的个体能够自主行动，人们

---

① ［澳大利亚］狄波拉·勒普顿著《风险》，南京大学出版社，2016年版，导言，第5页。
② ［澳大利亚］狄波拉·勒普顿著《风险》，南京大学出版社，2016年版，导言，第5页。
③ ［意］艾伯特·马蒂内利著《全球现代化——重思现代性事业》，商务印书馆，2010年版，第11页。

可以在缺乏某些方面信息的情形下也能采取理性的行动,"在即使不知未来结果如何时也能筹划其行动"①,"人类不再纯粹受命运的掌控,而是可以基于理性的或者基于至少可确定的理由来达成决策"②。即"风险提供了行为和决策的手段"③,这意味着,风险提供了一种人类控制自身命运的途径。所以,"风险"概念的发明体现了人们主动规避不确定性的一种努力,体现了一种人们面向未来,趋利避害的积极冒险精神,彰显了人类主动认识世界和改造世界的主体性,而这恰恰是现代性的一种精神要素。④

1986年,在社会学有关"风险"的研究中,出现了两个有重大影响的标志性事件,一是前苏联切尔诺贝利核电站发生核爆炸事故,二是德国社会学家贝克在同年出版《风险社会:通向一种新的现代性》一书。这两个事件极大地推动了社会学对于"风险"的关注和研究。

贝克的《风险社会:通向一种新的现代性》一书的德文版于1986年问世,五年之内便销售了6万本。在二战后的社会科学著作中,能达到这种销售量的书籍可谓凤毛麟角,由此可见该理论

---

① [英] 珍妮·斯蒂尔 著《风险与法律理论》,中国政法大学出版社,2012年版,第18页。
② [英] 珍妮·斯蒂尔 著《风险与法律理论》,中国政法大学出版社,2012年版,第19页。
③ [英] 珍妮·斯蒂尔 著《风险与法律理论》,中国政法大学出版社,2012年版,第4页。
④ 刘岩 孙长智"风险概念的历史考察与内涵解析",载《长春理工大学学报(社会科学版)》,2007年第3期,第28页。

的风靡程度和社会影响力。1990年德国社会学联合会的年会就被命名为"现代化的现代化?",以间接表示对贝克提出的"反思现代化"论题的重视。而《风险社会：通向一种新的现代性》更是在德国的生态政治学领域扮演了领袖角色,并引发了广泛的公众讨论。

《风险社会：通向一种新的现代性》包含了两个相互关联的中心主题,分别是"反思现代化"和"风险"。在对风险的论述中,贝克构建了关于"风险社会"的理论模型。

在有关现代化理论中,从马克思到帕森斯再到哈贝马斯的主流社会学,都是带有乌托邦色彩的进化主义。在马克思看来,进化的动力是生产方式的发展；而帕森斯认为,是结构分化或功能整合推动着社会演化；哈贝马斯认为,社会进化的动力是沟通理性。而贝克在《风险社会：通向一种新的现代性》一书中,则将重点放在作为推动社会进步重要动力的科学和技术的发展所带来的负面影响——风险上。

贝克认为,"风险社会"来临的标志,是从一个匮乏社会中以财富分配为主导的逻辑转向晚期现代性中以风险分配为主导的逻辑,这一转变的出现至少与两个前提有关：第一,由于科技生产力的发展,在很大程度上,"真正的物质需求"的重要性已被客观地削减；第二,现代化的进程中,在生产力以指数形式快速增长的过程中,危害和潜在的威胁被释放到了一定的程度,而这是以前没有被充分认识到的。①

贝克从以下几个方面阐释了"风险社会"的特征。"风险社会"的概念不同于马克思或韦伯意义上的"阶级社会"或"工业社会"的概念,"阶级社会"概念围绕的一个中心论题是：社会性地生产出来的财富是怎样以一种社会性的不平等但同样也是"合法"的方式被分配的？而"风险社会"概念的核心论题是：伴随着现代化进程而系统性地生产出来的风险和危害怎样才能被避免、最小化或加以引导？所以，人类不仅要关注怎样从传统的束缚（贫困、饥饿、疾病等）中释放出来，更要积极关注那些由技术和经济发展本身所产生的问题和消极影响，从这一点看，"现代化开始变得具有反思性了，它正在成为它自己的主题。"②

在贝克看来，科技和工业发展的结果是一系列的人们以前从未遇到过的风险和危害。这些风险在某种程度上已经超越了时空，它们不受时间的限制，因为未来的人类仍然受到这些风险的影响；它们也不受空间的限制，因为它们已越过了国界，是全球性的风险。从本质上讲，这些新型的风险危害这个星球上所有形式的生命。以往计算风险的标准的基础——事故、保险、医疗预防等，都已不适用这些新的现代风险。例如，原子能工厂是无法从私有的角度来被加以保险的；核事故已不仅仅只是事故，受其

---

① Beck, Ulrich. Risk Society. SAGE Publication, 1992. p. 19.
② 同上。

影响的甚至包括那些在风险发生时还没有出生的人和那些与核事故发生地相距相当遥远的人。"这意味着，迄今为止，那些通过科学和法律制度所建立起来的对于风险的计算失效了。"① 在19世纪的地方性事故和20世纪末的令人恐惧的灾难性风险之间存在着巨大的差异："新型的工业化的、人为决定生产的不可预测性和威胁正在伴随着高风险产业的全球化而扩散，这些高风险产业或是为了战争目的，或是为了福利目的而产生的。"②

贝克指出，在"阶级社会"中，社会财富的分配以及相关的社会冲突占据了主要的位置，从贫困和物质匮乏中解放出来的理念构成了人们行动、思想和研究的基础。而"风险社会"中的风险与财富有着本质的区别。虽然"风险与财富一样都是分配的客体，并且都构成了相应的地位——风险地位和阶级地位"，然而"在社会财富的分配中，它所处理的是消费品、收入、教育机会、财产等等，是在匮乏中所希望得到的东西"，而风险则是"现代化的附属产品，是某种人们不希望得到的多余"。③ 这些多余应当被加以否定、避免或消除。

贝克将阶级社会与风险社会的区别简化成了一个公式：贫困是等级制的，而烟雾是民主的。风险社会中的许多风险以同样的方式影响着每一个人。在客观上，风险在它的范围内和那些受其

---

① Beck, Ulrich. Risk Society. SAGE Publication, 1992, p. 22.
② 同上。
③ 同上。

影响的事物中显示出了一种平等化的影响,这正是风险所具备的新颖的政治权力。在这个意义上,风险社会不全是阶级社会,风险地位也不能被理解为阶级地位,由风险引发的冲突也不能被简单理解为阶级冲突。

尽管在分配的类型和方式等方面,风险的分配系统地区别于财富的分配,但这并不排除风险经常以一种阶层化或阶级导向性的方式被分配。在这个意义上,在"阶级社会"和"风险社会"之间存在着相互重叠的领域。"风险分配的历史表明,像财富一样,风险也遵循着阶级模式,也紧随着阶级和阶层地位的不平等性,只是完全颠倒过来:财富总是积聚在社会顶部,而风险往往累积在社会底部。"[①] 在某种程度上,风险似乎强化了阶级社会。贫困总是吸引着许多不幸的风险,而财富(收入、权力或教育)却可以买到免于风险的安全和自由。这种风险所具有的阶级导向性的分配法则,以及风险在贫困群体中的集中,造成了阶级对抗性的进一步强化。对于那些非熟练工人来说,他们所面临的失业的风险远比熟练工人要高得多;那些靠近重污染工业生产中心的低收入群体的廉价住宅区,总是长久地暴露在空气、水源和土壤的各种污染物的侵害之中。在污染面前,低收入群体有较强的忍受力,否则他们将面临收入损失的威胁。

处理风险、避免风险或补偿风险的可能性和能力也在不同的

---

① Beck, Ulrich. Risk Society. SAGE Publication, 1992, p.35.

职业收入阶层和教育阶层之间被不平等地分配。那些有良好职业的富有人士总是能够避免风险——通过居住地点的自由选择而规避污染；受过良好教育的人通过对信息的掌握和利用，在处理和避免风险方面开辟了新的可能性。总之，通过这些由大量财富和良好教育装备起来的风险处理方式，原有的社会不平等在一个新的层面上被强化了。有财富的人可以通过金钱来避免风险，没有钱的人则束手无策。本身贫富分化就是一种社会不平等，而由于这种不平等又使得人们在面临风险和处理风险的过程中变得更加不平等。

阶级社会和风险社会中的不平等可以相互重叠并且互为条件，社会财富的不平等分配为风险的产生提供了防护墙和正当的理由。在阶级社会中，跨越不同阶级之间的所有隔阂，主要关注点是看得见的物质需要的满足与否：饥饿与富足，权力与虚弱相互面对；宫殿与茅屋形成鲜明对照；豪华与破旧形成巨大对比。在这个意义上，阶级社会表现出了一种直接可视的确定性文化。在风险社会中，那些躲避了人们察觉力的事物具有了一种高度危险的现实性，在可以触知的财富和无法感觉到的风险之间的竞争中，被否定的风险会特别迅速地成长起来，它表现为化学工业的迅猛发展，也表现为核反应堆技术、微电子、遗传基因技术等。风险社会的不可视性，并不能证明它自身的不真实性，相反，它是风险社会起因的一个原动力。

与财富的可触知的明确性相反，风险与某种非现实性相关。

风险的实际的社会动因存在于未来计划中的危险之中,它和预防性的行动之间存在着实际的关联。当前,人们变得积极起来,是为了防止、缓和或预防明天或后天的问题和危机。预期中的威胁性的失业对于今天的生活状况和态度来说是一个关键的决定性要素;预测中的环境破坏和核威胁困扰着人类社会并促使人们走上街头呐喊游行。在对于风险的讨论中,人们所处理的是一种"计划中的变量",这些变量的现实意义和重要性与它们的不可预测性和它们的威胁性成正比。

在对风险的界定中,"每个利益群体都试图用风险的界定来保护自身,并且用这种方式来防止那些有可能影响自身利益的风险"①。一种风险的危害性的结果可以通过使其他的风险更引人注目而被加以保护,例如,对于气候变化的渲染会使人们忽略了核能的风险。那些发现自己被作为风险的制造者而遭到公众舆论谴责的人们总是竭力驳斥指责,他们总是试图引入其他的原因和其他的风险制造者,这样的场景总是在不断地重现。

贝克认为,"风险并不是现代性的一个发明,任何一个准备启程去发现新国家和新大陆的人——像哥伦布,都会接受风险。但是这些都是个体的风险,不是全人类都必须面对的产生于核裂变或放射性废料的全球性危险。在早期,'风险'一词具有勇敢

---

① Beck, Ulrich. Risk Society. SAGE Publication, 1992, p.31.

和冒险的语气,而不是地球上所有生命自我毁灭的威胁"①。在贝克看来,风险的概念直接与反思现代化的概念相联系,"风险可以被界定为一种处理由现代化自身所导致和引进的危害和不安全的系统方法。风险,与早期的危险相对,是与现代化的威胁性力量和这种力量的全球化相关联的结果"②。

贝克认为,在以往的风险界定中,存在着一种典型的地方性误诊,他以森林的毁坏为例加以说明。过去,当一个地区的森林被毁坏时,人们总是将其与当地林业部门的不负责任或森林虫害联系起来,而很少将这一事件与"现代化的风险"相联系。而一旦这种地方性的误诊被克服,森林毁坏的原因被理解为是现代化的一个后果时,这个事件就变成了一个长期的系统性地引发的问题,"而且不可能再在地方性的层面上被加以缓和或减轻,而是需要政治性的解决方案"③。

在这些由风险引发的冲突中,利害攸关的问题是,人类是否还能够继续对大自然无节制的开发;以往关于"进步""繁荣""经济增长"或"科学理性"的概念是否还依然正确?由风险所引发的冲突是一种有关通向现代性的正确合适道路上的文明内部的教义之争,这种特征与中世纪的教义之争相类似,而不是和19、20世纪早期的阶级冲突相似。它迫使人们重新反思工业化和

---

① Beck, Ulrich. Risk Society. SAGE Publication, 1992, p. 21.
② 同上。
③ Beck, Ulrich. Risk Society. SAGE Publication, 1992, p. 31.

现代化的道路，重新反思现代性。人们也越来越意识到，在当代社会，"风险和不确定性无处不在，我们现有的技术和社会制度无法消除风险和不确定性，这种认识日益清晰"。①

在现代化风险的制造过程中，"在现代化的商业、农业、法律和政治等领域中，高度专门化的能动者之间存在着的系统性的相互依赖性对应着孤立的单个原因和责任的缺乏"②。换句话说，"对应着高度分化的劳动分工，存在着一种普遍的共谋现象，这种共谋和一种普遍的责任的缺失相配合"。在风险的制造中，"每个人都是原因和结果，于是就没有原因"③。

贝克认为，一个全球性风险的客观社区正在逐渐形成，在各种不同利益的背后，风险的现实性，不管社会或国家之间的差别，在不断地增长并威胁着人们。尽管一系列的严峻风险引起了社会不确定性和焦虑的增长，但贝克相信，通过有效的政治动员，有能力将这些感觉和情绪转化为社会的进步行动。受到风险影响的公众自觉不自觉地组成了一个"全球性的受威胁社区"。贝克的论题正视了一个有思想的积极的公民目标的出现，它在风险的刺激下正开展"世界性政治现实主义"的实践。④

---

① ［英］彼得·泰勒-顾柏等 编著《社会科学中的风险研究》，中国劳动社会保障出版社，2010 年版，第 2 页。
② Beck, Ulrich. Risk Society. SAGE Publication, 1992, p.32.
③ Beck, Ulrich. Risk Society. SAGE Publication, 1992, p.33.
④ Walklate, Sandra, Mythen. Agency, reflexivity and risk: cosmopolitan, neurotic or prudential citizen? British Journal of Sociology, 2010, 61 (1): p.49.

"风险"概念从本初的词源学上的含义逐步扩展，在经济学、保险学与统计学中其不确定性成为获取利润的根源，并具有一定的可计算性和可预测性。然而在贝克所开创的"风险社会"理论中，风险特性由可计算性转为不可计算性，由可预测性转为不可预测性，由区域地方性转为世界全球性。这是贝克对于"风险"概念做出的重要贡献。

自贝克的《风险社会：通向一种新的现代性》一书出版后，社会学研究的许多关键领域——包括人际关系、阶层分析、犯罪研究、社会福利等，都开始利用和受到"风险社会"理论的影响。

在当代文化中，风险不仅是现存的和不言而喻的实体，而且有关担忧和焦虑的表达也是社会建构的产品，通过风险和安全的"文化脚本"来被加以界定，并且在个体和结构的相互作用之中被再生产。"风险与心理、社会、制度和文化进程互动，会强化或弱化公众对风险或风险事件的反应。"[1] 那些影响风险管理的问题已成为社会公众焦虑的一个来源，这主要是由于不断增强的期望、不断降低的信任水平以及新的不安全的来源。同时，我们也越来越清晰地认识到："我们现有的技术和社会制

---

[1] [美]珍妮·X·卡斯帕森等 编著《风险的社会视野》（上），中国劳动社会保障出版社，2010年版，第79页。

度无法消除风险和不确定性。"① 在当今时代，"风险在其影响上已更全球化、难以识别和更为严重，因此更不易管理并且更易引起焦虑"②。

最近几年，对"风险"的学术研究大量涌现，各个学科中开辟了各自不同的独具特色的风险研究路径。"对工业化的问题的研究已经被更大范围的现代化研究所取代，相对简单的危害研究也让位给了越来越复杂的风险和不确定性研究。风险如今被视为现代化的特点，现代生活的方方面面都可以用风险来解释。"③ 所以，在当今时代，"风险已成为一个中心文化和政治概念，个人、社会群体和机构通过它而被组织、被监控和被管理"④。

综上所述，"风险"概念的出现和发展与现代化进程和社会变迁有关，在很大程度上可以说，"当代对风险概念的迷恋，源于社会从前现代到现代再到晚期现代或曰后现代——正如一些理论家喜欢描述的当前这个时代一样——转变过程中内在的变化"⑤。

---

① ［英］彼得·泰勒-顾柏等 编著《社会科学中的风险研究》，中国劳动社会保障出版社，2010年版，第2页。
② ［澳大利亚］狄波拉·勒普顿著《风险》，南京大学出版社，2016年版，第8页。
③ ［英］彼得·泰勒-顾柏等 编著《社会科学中的风险研究》，中国劳动社会保障出版社，2010年版，第190页。
④ ［澳大利亚］狄波拉·勒普顿著《风险》，南京大学出版社，2016年版，第26页。
⑤ ［澳大利亚］狄波拉·勒普顿著《风险》，南京大学出版社，2016年版，第9页。

三、社会学风险研究的主要理论视角

近些年来，在社会学有关风险的研究领域中，逐渐出现了三个主要的理论视角，分别是：现实主义的视角、建构主义的视角和"治理术"的视角。

（一）现实主义的视角

风险研究的现实主义视角以贝克和吉登斯为代表，贝克认为，人类正面临着由经济、社会和科技进程所产生的一系列危害。在前工业化时代和工业文化中很普遍的"自然的威胁"（如干旱、地震、洪水）和事故（如工伤、火灾）已经被"风险社会"中一系列不断增长的"人为不确定性"所替代，这些"人为不确定性"是由经济、科学领域中的人类活动并经由社会的制度化而产生的。在这些不同的风险模式的构成、范围和影响方面，贝克识别出了基本的不同。自然的威胁和事故在本质上是地方性的——受到时间、空间和地点的限制——有害的后果可以通过制度化的行动和程序来加以削减；相反，"人为的不确定性"是全球性的，是无法预测和不服从制度化调控的。在这里相悖论的是，经济、科技系统的进步产生了而不是减轻了人为风险。在

"风险社会"的世界中,"人造风险"取代了自然威胁,无论是在社会后果方面,还是在政治焦点方面,按贝克的观点,现代化变成了一个"它自己的问题",这使得"风险社会"成为一个独特的"自我批判"的社会。"风险社会"的风险是现代化和高科技进步所导致的反身性(reflexive)后果,表现出不可感知性、平等性、全球性、建构性等与传统风险不同的特点。它已从根本上改变了工业社会运行的逻辑,使社会的中心议题从"财富分配的不平等"转为"风险分配的不平等"。

在贝克看来,当下社会制度管理"人造风险"的失效,标志着政治和社会领域价值的一种重要转变,即从一种建立在获取"好"的东西的基础上的积极逻辑,转向一个基于规避"坏"的东西的消极逻辑,这种转变意味着,当前风险社会中的关键问题并不源自某种"好"的东西的匮乏,如收入、住房和医疗保健,而是受到一系列"坏"的东西的影响,如环境污染、犯罪和恐怖主义。这种逻辑的转变对于社会整合和安全观念有着重要的影响,"风险社会的动态发展超越了阶层和阶级,因为全球性的威胁最终将影响每个人,甚至是那些对它们负责的人"[①]。

在对现代性风险的现实主义视角的界定中,科学的理性和社会的理性是相互交织和相互依存的。事实上,对工业发展中的风

[①] Walklate, Sandra, Mythen. Agency, reflexivity and risk: cosmopolitan, neurotic or prudential citizen? British Journal of Sociology, Vol. 61 No. 1, p. 48.

险的科学研究依赖于社会期待和价值判断,就像对于风险的社会讨论和关注依赖于科学的论据一样。在关于风险的研究和讨论中,"没有社会理性的科学理性是空洞的,而没有科学理性的社会理性是盲目的"①。在其中,社会理性关注的重点放在生产的工业方式上,而科学理性的关注则放在对事故可能性的技术管理上。

(二) 建构主义的视角

这一理论视角所要回答的主要问题是:"风险是如何被建构成社会现实的。"与隐含在风险社会视角中的现实主义观点相对,富热蒂的"担忧的文化"方式在很大程度上是建构主义的,它假设我们对于风险问题的先入之见代表了一种关注于现代性的负面特征的趋势。对富热蒂而言,风险社会的令人恐惧的大量"坏"的东西的出现产生了文化上和政治上的无能。与贝克迫切要求加以干预,以防止实际的全球性威胁的训诫不同,富热蒂相信:风险主要是在文化上被建构的,并且被政治家、大众传媒以及在福利和保险行业工作的人们所加以宣扬和利用的。这一点正如艾瓦尔德所指出的:"没有什么事物本身就是风险,现实中不存在风险。但另一方面,任何事物都能成为风险,一切都取决于人们如

---

① Beck, Ulrich. Risk Society. SAGE Publication, 1992, p.30.

何分析危险，思考事件。"① 该视角认为，"所有关于风险的知识受制于社会文化背景"②，"在一个历史或者文化背景中被看作'危险'或者'损害'的不一定在另一不同背景中也是如此"③。风险问题是根据风险问题领域中不同参与者的信念和价值重新构建起来的。因为"风险从来都不是完全客观的或者可知的：我们所测量的、识别的和管理的风险都是通过预先存在的知识和商谈而形成的"④。

这一理论视角认为，"风险不是一个静态的、客观的现象，而是作为社会互动网络和意义构成的一部分被构建和商榷的"⑤。在现实中，为风险担忧的人们更易于被统治，也更趋向于投资一系列增值的保险产品和服务，媒体对于引起公众警惕的对于人类安全和政府鼓动的迫切威胁的不断宣传，使得个体变得更加反省和担忧。富热蒂认为，当前对于风险的社会关注在很多方式上是有缺陷的，首先，就科学技术和社会的发展而言，积极后果和消极后果之间的平衡被扭曲了，后者取得了优先权；其次，媒体对于高威胁后果、低可能性危害的强调刺激人们变得更加内省和忧虑。

---

① 周志家 著《风险决策与风险管理——基于系统理论的研究》，社会科学文献出版社，2012 年版，第 25 页。
② ［澳大利亚］狄波拉·勒普顿著《风险》，南京大学出版社，2016 年版，第 24 页。
③ ［澳大利亚］狄波拉·勒普顿著《风险》，南京大学出版社，2016 年版，第 25 页。
④ ［澳大利亚］狄波拉·勒普顿著《风险》，南京大学出版社，2016 年版，第 23 页。
⑤ ［澳大利亚］狄波拉·勒普顿著《风险》，南京大学出版社，2016 年版，第 24 页。

(三)"治理术"的视角

"治理术"的视角产生于法国著名社会学家福柯的作品,是以福柯的规训理论为基础的风险视角。尽管福柯的作品并没有明确地涉及风险,但受到他作品启发和鼓舞的一批理论家们,在这个方向上重塑并扩展了他的原初分析。

根据福柯的理解,"治理就是为了便利的目的而安排的对事情的正确处理"①。"治理"在本质上暗指这样一个趋势:政府通过各种鼓励、刺激和责任化的模式来进行治理,治理理论的核心是话语的观念,风险技术通过限制性话语的建构来严格地管制个体并对个体负责,所以,"风险不只是管理不确定性未来的一种技术,它也是生产能够界定理智行动和决策制定的知识的社会话语的一部分"。②

福柯认为,"我们生活在一个'治理术'的时代"③。"治理术"是社会监管和控制的方法。"治理术"将风险视为治理社会的一种特殊的技术,"而这种技术是随着西方自由主义国家的发

---

① 汪民安 等主编《现代性基本读本》下,河南大学出版社,2005年版,第389页。
② 周志家 著《风险决策与风险管理——基于系统理论的研究》,社会科学文献出版社,2012年版,第25页。
③ 汪民安 等主编《现代性基本读本》下,河南大学出版社,2005年版,第397页。

展而在欧洲发展起来的"①。在这个意义上,"风险可被理解成实施管制权的治理策略,并通过这一策略对人口和个人实施监视和管理"②。在此过程中,个人、社会群体和机构通过"风险"而被组织、被监控和被治理。风险的"治理术"视角"既强调国家在风险管理和控制中的作用,也要求个人自觉地成为风险的理性调控者和计算者"③。在现代社会中,"通过不断努力,风险被问题化,被当成可计算和可治理的。也正是通过这些努力,特定的社会群体或人口被确定为'处于风险(at risk)'或'高风险(high risk)'的,需要特定形式的知识或者干预"④。

---

① 周志家 著《风险决策与风险管理——基于系统理论的研究》,社会科学文献出版社,2012年版,第24页。
② [澳大利亚]狄波拉·勒普顿著《风险》,南京大学出版社,2016年版,第71页。
③ 周志家著《风险决策与风险管理——基于系统理论的研究》,社会科学文献出版社,2012年版,第25—26页。
④ [澳大利亚]狄波拉·勒普顿著《风险》,南京大学出版社,2016年版,第71页。

第二章

何为现代性：现代、现代化、现代性

在社会学语境中，"现代"一词关涉很多方面，并且承载了太多丰富的内涵和深刻的意义，"它不仅可以用来指人，也可以用来指国家、政治体系、经济系统、城市，以及指诸如学校、医院等组织，还可以指居住方式、服装和行为举止"①。

现代化与现代性既有联系，又有区别。现代化是一个过程，确切地说，"它是一个定义明确的过程的集合，它包含着现代性"。不过，现代化与现代性又有所不同，即"现代性指的是在现代化过程中所具有的社会生活和文化的特定形态"②。更具体地说，现代化是动态的，是一个过程，现代化可以被"界定为一系列大规模变迁过程的总和"；而现代性是静态的，是一些特征，通过现代化的变迁过程，"特定社会往往获得被认为是现代性所

---

① Waters, Malcolm. Modernity: Critical Concepts. Vol. 2. Routledge, 1999, p. 94.
② [意] 艾伯特·马蒂内利 著《全球现代化——重思现代性事业》，商务印书馆，2010年版，第13页。

特有的经济、政治、社会和文化特征"。①

一、现代性的定义、起源及特征

（一）现代性的概念及定义

所谓现代性，简单地说，"无非是把现代社会在经济、政治和文化思想上与传统社会区分开来的特点"②。"现代性"一词从17世纪起在英语中流行，时至今日，"现代性"在人文社会科学领域中已被频繁地使用。

何为现代性，其定义和解释可谓包罗万象，可以说，还没有哪个词比"现代性"这个词的解释更为纷繁多样。"很少有什么灌木丛，会比现代性的观念陷入其中的灌木丛更加纷乱缠结。"③所以，"现代性的内涵和意义非常丰富，借助许多不同的标示，我们可以追踪它的实现和随后的进展"④。不同的学科和专业，不

---

① ［意］艾伯特·马蒂内利 著《全球现代化——重思现代性事业》，商务印书馆，2010年版，第8页。
② 金观涛 著《探索现代社会的起源》，社会科学文献出版社，2010年版，第1页。
③ 汪民安 等主编《现代性基本读本》（上），河南大学出版社，2005年版，第282页。
④ ［英］齐格蒙特·鲍曼著《流动的现代性》，生活·读书·新知三联书店，2002年版，第12页。

第二章 何为现代性：现代、现代化、现代性

同的学者从各自的视角对现代性做出自己的阐释。如关于现代性，伯曼曾指出："现代性是一种必不可少的经历方式：时空的经历、自我和他人的经历、生活的可能性和危险性的经历——当今世界，这种经历正被所有的男人们和女人们分享。现代的环境和经历穿越了所有的地理和种族的边界、阶级和民族的边界、宗教和意识形态的边界，在这个意义上，现代性可以被认为将全人类联合起来，但这是一个充满矛盾的统一体，一个不一致的统一体，将我们所有人注入到一个持续瓦解和更新、持续斗争和对立、持续充满歧义和极度痛苦的大漩涡之中。"①

现代性指的是在现代化过程中所具有的社会生活和文化的特定形态。"'现代性'意为：地方纽带和地区性的观点让位于全球观念和普世态度；功利、计算和科学的真理压倒了感情、神圣和非理性的思想；社会和政治的基本单位不是集体而是个人；人们在生活和工作中的相互联系不是依据出身而是靠选择"。②

阿诺德·盖伦在《技术时代的人类心灵问题》中对现代性做出的定义是：现代性的特征，就是不断的创新性、合理性和思考性，以及一种与之相应的对一切社会秩序的不可靠感和变化形态，这就是作为现代这个时代特征的不确定性。③

---

① Martinelli, Alberto. Global Modernization. SAGE Publications, 2005, p. 10.
② [美] 西里尔·X·布莱克 编《比较现代化》，上海译文出版社，1996 年版，第 105—106 页。
③ [德] 阿诺德·盖伦 著《技术时代的人类心灵——工业社会的社会心理问题》，上海世纪出版集团，2008 年版。第 110—116 页。

国内有学者认为，"现代性就是西方工业社会在现代化进程中生成的与传统农业社会的经验本性和自然本性相对的一种理性化的社会运行机制和文化精神"①。"自从西方社会与以前的社会在经济和社会组织、政治关系和文化特征上表现出巨大的不同和反差之后，它们成为现代性的象征"②。

当代英国著名社会学家吉登斯认为，现代性"首先意指在后封建的欧洲所建立而在20世纪日益成为具有世界历史性影响的行为制度与模式"③。"现代性指社会生活或组织模式，大约十七世纪出现在欧洲，并且在后来的岁月里，程度不同地在世界范围内产生着影响。"④ 吉登斯是在非常宽泛的意义上理解现代性概念的。"现代性就是现代社会，包括现代社会的政治、经济制度及与此相适应的思想观念等。"⑤ 1998年，在接受皮尔森访谈的过程中，他指出："在其最简单的形式中，现代性是现代社会或工

---

① 衣俊卿 著《现代性的维度》，黑龙江大学出版社 中央编译出版社，2011年版，第28页。
② [意]艾伯特·马蒂内利 著《全球现代化——重思现代性事业》，商务印书馆，2010年版，第13页。
③ [英]安东尼·吉登斯 著《现代性与自我认同》，生活·读书·新知三联书店，1998年版，第16页。
④ [英]安东尼·吉登斯 著 田禾 译《现代性的后果》，译林出版社，2000年版，第1页。
⑤ [英]安东尼·吉登斯 著 郭忠华 潘华凌 译《资本主义与现代社会理论——对马克思、涂尔干和韦伯著作的分析》，上海译文出版社，2013年版，译者序，第2页。

业文明的缩略语。"① 所以，无论从什么角度理解现代性，现代性首先都是与社会发展的阶段性和社会制度的变革及人的精神变革相联系的。

（二）现代性的起源

从时间维度来看，现代性的基石，一般来说，奠定在16、17世纪的欧洲，在此意义上，"我们也可以将16—18世纪看做是现代性的序曲"，而接下来是现代性的成熟阶段，"这个时段大约就是法国革命和工业革命不久后的19世纪"。②

关于现代性的起源社会这一问题，大部分历史学家和社会科学家都认为，现代性的起源社会是不列颠和它的殖民地，主要是北美地区的殖民地；也有一些认为，法国是现代性的起源社会。历史学家和具有历史倾向的社会科学家们认为，现代时期最早始于16世纪，他们的观点建立在以下基础之上：正是这个时期，商业资本主义开始登上历史舞台，并占据显著位置；开始出现了君主立宪；清教改革树立起了将个人作为道德责任最主要承担者的观念；出现了价值观领域的自治化，科学摆脱了宗教的束缚而获

---

① ［英］安东尼·吉登斯 著 郭忠华 潘华凌 译《资本主义与现代社会理论——对马克思、涂尔干和韦伯著作的分析》，上海译文出版社，2013年版，译者序，第2页。
② 汪民安 著《现代性》，南京大学出版社，2012年版，第51页。

得了独立的地位。①

一些学者认为,从16世纪开始,在英格兰北部,逐步建立起了现代性的三个重要的经济制度:

(1) 可让渡的私人财产;

(2) 一个土地市场的出现;

(3) 一个劳动力市场的出现。②

从一开始,现代性的三个重要的经济制度,即土地、劳动力、资本,这三个最重要的市场就与风险紧密相关。著名经济社会学家波兰尼认为,土地、劳动力与财产都是虚拟商品,而土地、劳动力、资本这三个最重要的虚拟商品市场上的风险都需要政府来进行管控。③

而许多社会学家则持不同的观点,他们认为,现代时期直到我们熟知的在1750年至1820年间发生在英国的"工业革命",以及1776年发生在北美殖民地和1789年发生在法国的推翻王权的政治革命之后才开始。"如果美国和法国革命为现代世界打下了政治基础,那么,大不列颠的工业革命就为现代世界奠定了经济基石。"④ 许多社会学家坚持认为,工业主义是现代性的必要条

---

① Waters, Malcolm. (1999) Modernity: Critical Concepts. Vol. 1. Routledge. General Commentary xiii.
② Waters, Malcolm. (1999) Modernity: Critical Concepts. Vol. 1. Routledge. General Commentary xv.
③ 卡尔·波兰尼著《巨变——当代政治与经济的起源》,社会科学文献出版社,2013年版,第29页。
④ 汪民安 等主编《现代性基本读本》下,河南大学出版社,2005年版,第493页。

件，而商业资本主义的到来并不足以满足上述现代性的首要标准。① 所以，"在现代性的起源方面，法国大革命和工业革命是现代社会滥觞的表征。前者唤起了个人自由主义的理想，后者则导致了高度分工的社会现实"②。

而美国著名社会学家伯曼则将历史如此浩瀚的现代性分为三个阶段。"第一个阶段大致是从16世纪初至18世纪末，在这个阶段中，人们刚刚开始体验现代生活"；"第二个阶段始于18世纪90年代的大革命浪潮……在这个时代，个人、社会和政治生活的每一个层面都会产生爆炸性的巨变"。而"在20世纪，亦即在第三个也是最后的阶段中，现代化的过程实质上扩展到了全世界"。③

关于各个学科对现代性的研究与探索，可以说，与其他学科相比，"社会学比其他学科更多地把现代性联系于一种特殊类型的社会，即工业社会"。④ 在现代性的成熟时段，它所逐渐累积起来的形象就是"疆域固定的民族国家，自由民主政制，机器化的工业主义，市场化的资本主义，以及他们之间的功能联系"。此

---

① Waters, Malcolm. (1999) Modernity: Critical Concepts. Vol. 1. Routledge. General Commentary xiii.
② [英]安东尼·吉登斯 著 郭忠华 潘华凌 译《资本主义与现代社会理论——对马克思、涂尔干和韦伯著作的分析》，上海译文出版社，2013年版，译者序，第3页。
③ [美]马歇尔·伯曼 著《一切坚固的东西都烟消云散了：现代性体验》，商务印书馆，2015年版，第17页。
④ [法]达尼洛·马尔图切利 著《现代性社会学》，译林出版社，2007年版，第4页。

外，现代性还呈现出某些独一无二的气质和禀赋，如"创新的时间意识、对未来的乐观、成熟感、进步信念、超人式的力的奔腾、发展主义和唯科学主义等等"。①

(三) 现代性的特征

1. 现代性的普遍特征

现代性自身会带来一系列进步和改变的阶段，"现代性意味着现代化，它是人类出于自身的利益，管理和控制他们自然的、社会的和文化环境的能力的一个持续进步的进程"②。这个定义强调了以下几个方面：首先，现代性与现代化相关；其次，现代性与人类管理和控制自身所处环境的能力的改进有关。

经历了工业革命后的社会将会采取最为有效的生产技术，这将会反过来影响到一系列社会关系，不仅包含劳动和消费的经济领域，也包括政治领域和文化的各个方面，社会将逐渐向现代性的方向行进：朝向职业角色的专业化、社会的流动性增强；教育的普及和发展、公共和私人领域的大型等级制度和官僚组织的增长、利益的多元化、社会冲突的调节和控制、工作和个体成功的物质主义价值观的发展。

---

① 汪民安 著《现代性》，南京大学出版社，2012 年版，第46—47 页。
② Waters, Malcolm. (1999) Modernity: Critical Concepts. Vol. 1. Routledge. General Commentary xii.

总之，现代性是一个稳定的、长期的社会文化构成，具有以下特点：

（1）生产体系是工业化的，具有较大的规模；内部有职业的专门化，外部是产品的专门化；生产的机械化。

（2）不断增加的人与人之间的交往实践是自利的、理性的和精于算计的。

（3）物理的和社会的物品，包括人类劳动力，都被界定为商品，他们可以在市场上被让渡和交换。

（4）合理合法性和责任的主要承担主体是个体的人。

（5）社会单元：家庭、学校、政府、企业、教会、志愿团体等，相互分化，即它们之间相互分割、相互区别。①

也可以这样认为，现代性就是现代化所带来的结果，从社会系统论的角度来说，现代化的结果即现代性的特征表现在以下方面：

（1）政治领域：民主化、法治化、科层化（官僚化）；

（2）经济领域：工业化、专业化、规模化；

（3）社会领域：城市化、福利化、流动化、信息传播；

（4）个人领域：开放性、参与性、独立性、平等性；

（5）文化领域：宗教世俗化、观念理性化、经济主义、普及

---

① Waters, Malcolm. (1999) Modernity: Critical Concepts. Vol. 1. Routledge. General Commentary xii – xiii.

初中级教育。

2. 现代性表现在社会组织方式上的普遍性特征

现代性，作为一种新的社会组织方式，它的普遍性特征是空前的社会动员与高度的社会分化水平相结合，这种社会动员与社会分化相结合的进程最先在18、19世纪的西欧得到充分发展，由此构成了人类历史中一种独特的社会状态——现代性。而如果没有以17世纪发生在欧洲的科学革命为知识基础，这种前所未有的社会动员和分化水平是无法达到的。17世纪的科学革命产生了一种具有跨文化特征的普遍适用的理性知识，这种知识系统化地运用在各个领域，创造出了强大的技术力量（在经济、政治、社会、文化等领域），使得大规模的、以民族—国家为边界的社会动员和制度分化进程成为可能。

具体来说，在政治层面上，1789年法国大革命之前的欧洲就已以发展惊人的军事技术和行政技术，构成了理解政治地方主义的崩溃和税收、司法、监控和暴力方式惊人集中的关键。民族—国家——作为政治现代性的典型制度体现，如果没有这种政治权力的宏观技术的发展来支撑，是不可能出现的。[1] 与所有的前工业化时代的国家相比，民族国家在历史上是独一无二的，它获得了空前的基础性权力，成功地渗透到了社会的边缘并将它的人民

---

[1] Mouzelis, Nicos. Modernity: a non-European conceptualization. British Journal of Sociology, Vol. 50 No. 1, p. 149.

带到了一个集中化的管理机构的管理之中。而这一点在前工业化时代的社会构造中是无法想象的。实际上，前工业化时代的国家，尽管很多都是专制的，但与民族—国家相比，无论是在规模还是在资源动员能力上，都是微不足道的。① 正如吉登斯所言，民族—国家是现代时期最为杰出的权力集装器，"它是统治的一系列制度模式，它对业已划定边界的领土实施行政垄断，它的统治靠法律以及对内外部暴力工具的直接控制而得以维护"②。民族—国家是现代性的载体，现代化都是在民族—国家范围内进行的，所以，蒂普斯认为，现代化在理论方面基本上是属于民族国家转变的理论，占有某个疆域的民族国家才在现代化理论上具有至关重要的意义。③

同样的进程也出现在经济层面上。在从经济地方主义到相对同质的、全国性的经济空间的创建过程中，与工业革命相联系的经济技术扮演了同样关键的角色。例如，在英国的棉纺织行业中，机器工业的发展，在一定程度上是技术的发展，已经与国内生产的散作制度不相适应，由此导致了后来占支配地位的工厂制度的出现，导致了明显的经济领域与亲属习俗领域的分化：经济

---

① Mouzelis, Nicos. Modernity: a non-European conceptualization. British Journal of Sociology, Vol. 50 No. 1, p. 143.
② [英]安东尼·吉登斯 著 胡宗泽 赵力涛 译《民族—国家与暴力》，三联书店，1998年版，第147页。
③ [美]西里尔·X·布莱克 编《比较现代化》，上海译文出版社，1996年版，第97页。

生产从家户中脱离出来，进而导致了直接生产者与其生产方式的明显分离，即导致了生产方式在上部的集中，这一进程与劳动的商品化密切相关，它不仅在资本主义的现代化进程中，也在非资本主义的例子中明显可见。[1] 这一点正如艾森斯塔特所论述的，"经济活动与传统环境相分离""从事生产、消费、市场活动的经济角色和经济单位日益专业化""经济上一定程度的自立性增长"，这些是经济现代化的关键性特点。[2] 同时，机器和新技术进入生产领域，导致不同生产要素（劳动力、土地、货币）市场的形成，由统一的民族—国家对这些要素进行持续性支配，这对于投资的收益是必不可少的。波兰尼认为，竞争机制或者说真正的市场经济的建立是国家运用技术的杰作。正是西欧中央集权的君主国（尤其是英国和法国）从17世纪起，将各个局部市场与对外贸易融合，才逐渐形成了一个统一的、一体化的和竞争性的国内市场和国家经济空间。[3]

在文化领域，由于文化技术的发展，使得从地方层面到全国层面的转变变得容易。这种文化技术同样使大众识字和世俗教育成为可能，这与民族国家意识形态的发展紧密相关。人们开始将他们的忠诚和目标从地方性的社区转向民族—国家的中心，社会

---

[1] Mouzelis, Nicos. Modernity: a non-European conceptualization. British Journal of Sociology, Vol. 50 No. 1, p. 149—150.
[2] [美] 塞缪尔·亨廷顿等 著《现代化、理论与历史经验的再探讨》，上海译文出版社，1993年版，第31页。
[3] [法] 雅克·阿达 著《经济全球化》，中央编译出版社，2000年版，第13页。

合法性的方式也由王权/神圣转向大众/世俗。① 同时，出现了一种新的个性取向，显示出以更大的能力去适应日益宽广的社会范围的种种特征和特性。

在社会领域，由于行政技术和监控技术的发展，使得对于社会弱者和经济贫困者进行照顾的义务和责任，逐渐从亲属单元和地方性社区，转向集中化组织的福利国家，由此导致了更广阔的整个民族—国家范围内的医疗健康、社会保障和人口管理制度的产生。②

总之，现代性表现在社会组织方式上的普遍性特征是空前的，社会动员和高度的社会结构分化水平，这种方式的社会动员和分化导致了传统地方主义的崩溃和一个更广阔的高度分化的经济、政治、社会和文化大舞台的产生。在其中，个体性的实践是由诸如民族—国家、国家市场或国家计划、社会福利和人口管理的国家体系、大众教育和民族国家意识形态等复杂的制度复合体来加以指定和规范的。在近现代国家间体系中，一个社会（民族—国家意义上的社会）如果不具有在经济、政治、社会和文化层面上的现代性的普遍特征，如果不采纳这些现代性所包含的普遍的组织形式，如民族—国家、社会保障制度、大众教育制度

---

① Mouzelis, Nicos. Modernity: a non-European conceptualization. British Journal of Sociology, Vol. 50 No. 1, p. 150.
② Mouzelis, Nicos. Modernity: a non-European conceptualization. British Journal of Sociology, Vol. 50 No. 1, p. 150.

等，它是很难获得现代性并取得进步与发展的。

二、古典社会学与现代性

古典社会学的诞生与现代性紧密相关，"以现代性为主题的社会学，自身也是现代性的产物"①。可以说，19世纪欧洲古典社会学发展的一个主要动力来自对现代性的分析。从社会学的奠基者们开始，对现代社会形成的研究就是成就最为显著的社会学主题，所以，"社会学是作为一门现代性的科学而诞生和发展的，是理解现代社会的一项努力"②。早期经典社会学家迪尔凯姆、腾尼斯、韦伯、齐美尔等致力于研究人类社会伴随着工业革命，从传统农业社会向现代工业社会的巨大变迁，都将他们的注意力集中在分析现代的突变上，在此基础上产生了社会学意义上的现代化和现代性理论。他们从各自的视角，不约而同地以二元分立的方式建构了传统性/现代性的理想类型，如迪尔凯姆的机械团结/有机团结模型、腾尼斯的共同体/社会等。

---

① 成伯清 著《走出现代性：当代西方社会学理论的重新定向》，社会科学文献出版社，2006年版，导言，第8页。
② ［意］艾伯特·马蒂内利著《全球现代化——重思现代性事业》，商务印书馆，2010年版，第36页。

（一）迪尔凯姆：机械团结/有机团结

迪尔凯姆的机械团结/有机团结模型分别代表了传统社会与现代社会两种不同的社会整合方式。在迪尔凯姆看来，机械团结代表了传统社会的整合方式，它"是一种由于彼此相似而形成的关联。当这种形式的关联主宰社会时，个人之间的差异不大"。而有机团结则体现出了现代性，在这种形式的关联中，"个人不再彼此相似，而是彼此有别"。在有机团结中，"团结并不是单纯来自对共同的信仰和情感的接受，而是基于劳动分工上的功能性相互依赖"①。现代社会呈现有机团结的关键要素是发达的社会分工，使人们越来越相互依赖，而这种相互依赖也是产生风险的一个主要原因。现代社会的风险水平的提高，很大程度上来自人与人距离缩短、彼此依赖性的增强。

迪尔凯姆有关现代性的分析还包括他著名的关于社会分工的研究，他认为，"现代社会生活急剧变迁的特征，主要不是源自资本主义，而是产生于复杂的劳动分工的强有力的刺激"②。他用当前的结构分化和整合进程来解释现代化，结构分化是从传统社

---

① ［英］安东尼·吉登斯 著 郭忠华 潘华凌 译《资本主义与现代社会理论——对马克思、涂尔干和韦伯著作的分析》，上海译文出版社，2013年版，第101页。
② ［英］安东尼·吉登斯 著 田禾 译《现代性的后果》，译林出版社，2000年版，第10页。

会向现代社会变迁中的一个重要的解释性变量,它可以被界定为一种进程,在此进程中,一个角色或社会组织分化成两个或更多的在结构和功能上各不相同的角色或组织,但这些角色或组织合在一起与原先的单元是相同的。复杂的结构分化(或分工),一方面增强了系统的整体的生产力,另一方面也引发了冲突并产生了社会整合的复杂问题。随着资本主义生产方式的到来,产生了资产阶级和薪资工人之间的冲突,于是一系列的制度开始出现并发展(法律管理系统、一个劳动力市场、工会、行业联合会等),用以不同的方式和可能的成功规制他们之间的关系。

迪尔凯姆同时认为,现代社会这种特有的社会分化现象是创造个人自由的条件。"只有在集体意识部分失去了它那咄咄逼人的严厉性的社会里,个人才有可能享有判断和行动上的某种自主权。"[①] 可以说,一方面现代性为个体提供了前所未有的选择机遇,创造了个体自由的条件;另一方面,在很大程度上,现代社会的很多风险与不确定性又与个体的自由紧密相关,自由——自由的选择、自由的判断、自由的行动,意味着更多的不确定性和风险。

---

① [法]雷蒙·阿隆著《社会学主要思潮》,华夏出版社,2000年版,第221页。

（二）马克斯·韦伯：理性化

理性化进程是马克斯·韦伯分析现代性的核心，"现代性的发展本质上是理性化发展的表现"①。"马克斯·韦伯提出将现代化视为西方国家的理性化过程，这一思想影响深远。"② 对韦伯而言，西方历史的特性在于理性化进程的广泛和强烈，这影响了社会生活的所有主要方面，从经济行为到价值观，从政治结构到科学，从家庭关系到艺术表现，这样的理性无所不在。韦伯同时也看到了社会日趋理性化给人所带来的影响的两面性，在这个"为科学所揭示、被技术所操纵的"世界里，"人被一分为二：一方面从事越来越理性化和局部化的职业活动，另一方面向往全面了解世界、向往最终的可靠性"。③ 而"风险"概念的出现，正是理性化的一个重要标志，它表示人们希望运用理性的工具帮助自己把握未来，减少不确定性，而不是像以往那样，人们把自己的命运交给宗教，交给一种神秘的力量。所以，理性的弘扬是工业社会精神的象征，是现代性的重要特征之一，"是体现人的力量

---

① ［英］安东尼·吉登斯 著 郭忠华 潘华凌 译《资本主义与现代社会理论——对马克思、涂尔干和韦伯著作的分析》，上海译文出版社，2013年版，译者序，第4页。
② ［意］艾伯特·马蒂内利著《全球现代化——重思现代性事业》，商务印书馆，2010年版，第24页。
③ ［法］雷蒙·阿隆著《社会学主要思潮》，华夏出版社，2000年版，第394页。

的最重要因素之一。在这种前提下，人们致力于寻找确定性和肯定性的因素和力量"①。将理性化用于资本主义经济，则"表现为对劳动的合理组织和对盈亏的合理计算"。对马克斯·韦伯而言，理性化"最终指现代社会中合理的法律和管理制度的建立"②。其中，最重要的表现就是现代科层制国家的出现。尽管在古代埃及和古代中国的科层组织已经发展到了相当高的水平，"但只有在现代社会里科层组织才呈现出一个全新的形式，即理性的形式"。而根据韦伯的观点，"这是现代资本主义产生的首要条件"。③ 现代科层制，其"特点是具有更高水平的理性专业化，因此，它对社会的控制也就更不容易受到挑战"④。

（三）齐美尔：货币经济

另一位社会学大家齐美尔关于现代性的表述是独特的，对他而言，现代社会的当下经历呈现出分化、断裂和碎片化的特征，现代社会的特点是：社会分化的增加，这是社会关系功能专门化的效应；文化同质化，这是货币作为所有价值的普遍等价物的夷

---

① 袁方 著《社会风险与社会风险管理》，经济科学出版社，2013年版，第30页。
② 汪民安 等主编《现代性基本读本》下，河南大学出版社，2005年版，第503页。
③ [英]尼格尔·多德 著《社会理论与现代性》，社会科学文献出版社，2002年版，第34页。
④ [英]安东尼·吉登斯 著 郭忠华 潘华凌 译《资本主义与现代社会理论——对马克思、涂尔干和韦伯著作的分析》，上海译文出版社，2013年版，第231页。

第二章 何为现代性：现代、现代化、现代性

平作用的效果。以上这些以一种特别明显的方式表现在现代性的两个典型背景中：大都市和成熟的货币经济。

齐美尔用"货币经济"这一概念，揭示了都市生活方式、都市理性的精髓。生活在人口高度集中的城市，个体不断受到物质和社会刺激的冲击，该刺激如此强大，个体根本无法做出反应，因此，城市居民必须有一些"屏护设施"，使他们能够对于主要的刺激做出合适的反应，其中一个主要的设施就是货币经济。齐美尔指出，大都市始终是货币经济的根据地，货币在城市生活中之所以如此重要，要因之一就是发达的社会分工，需要有普遍的交换媒介，而货币正好发挥了这种交换功能。但也因为货币具有这种交换价值的社会共性，因此，它也把所有人格和品质都化约成了一个简单问题："这值多少钱？"

由于货币经济，"生活的理性化与以前时代更具感情性质的冲动形成鲜明的对比。生活服从于不断增加的精确性和限定性要求；在生活中，人们必须进行计算、决定、衡量，把表示性质的价值简化为数值。数字表达成为受严格性和精确性支配的现代生活的理想"[①]。在齐美尔看来，货币是理性的、有目的的行动的最先进的表达方式，成熟的货币经济——而不是资本主义——是现

---

① ［法］达尼洛·马尔图切利 著《现代性社会学》，译林出版社，2007年版，第306页。

代社会的特色。① 同时，成熟的货币经济同大都市生活又是一体的，"在现代都市主导性的标准化的货币经济中，都市人只能按照严格的数字换算方式行动，这样才能抵御多样性和可变性带来的困扰"。而其结果是，"现代精神越来越精于算计"。②

齐美尔关于"货币经济"最精彩的观点在于，他认为现代文化之流向两个截然相反的方向奔涌：一方面，通过在同样条件下将最遥不可及的事物联系在一起，趋向于夷平、平均化，产生包容性越来越广泛的社会阶层；但另一方面，也趋向于强调最具个体性的东西，趋向于人的独立性和他们发展的自主性。货币经济同时支撑这两个不同的方向，它一方面使一种非常一般性的、到处都同等有效的利益媒介、联系媒介和理解手段成为可能，另一方面又能够为个性留有最大程度的余地，使个体化和自由成为可能。③

三、现当代社会学与现代性

根据美国现代著名社会学家帕森斯的观点，现代社会由以下

---

① ［英］尼格尔·多德 著《社会理论与现代性》，社会科学文献出版社，2002年版，第30—31页。
② 汪民安 著《现代性》，南京大学出版社，2012年版，第22—23页。
③ 参见［德］齐美尔 著 陈戎女 等 译《货币哲学》，华夏出版社，2002年版，译者导言，第4页。

方面来界定：

（1）社会系统的四个亚系统的复杂分化（经济上的适应、政治上的目标获取、社会的整合和文化上的模式维护）；

（2）经济的支配性角色（大众生产、科层制的商业组织和市场及货币的普及化）；

（3）作为社会协调和控制的主要机制的法律系统的发展；

（4）建立在成就原则之上的开放的社会结构，成就间接地受到教育发展及社会关系复杂的非人格网络延展的影响。[1]

从以帕森斯为代表的结构功能主义者的观点来看，现代性可以用前所未有的结构—功能分化水平来界定，同时，这一阵营中迄今最为著名的关于传统性/现代性理想类型的建构，把西方社会视为现代性的标杆，而广大第三世界国家则经由西方价值观、技术和资本的扩张，沿着进化的阶梯，或快或慢地去追求、获得现代性。

正如帕森斯、哈贝马斯等曾经证明的那样，与所有传统社会相比，现代社会具有高度的结构—功能分化水平。帕森斯在其后期著作中认为，社会进化变迁的主要内容是社会的结构/制度分化过程。社会的结构分化过程包括四个基本过程，即分化、适应力提升、容纳以及价值概化。分化（differentiation），即社会中一个单位分裂成数个单位，这些单位彼此间特征不同，对体系之功

---

[1] Martinelli, Alberto. Global Modernization. SAGE Publications, 2005, p. 36.

能意义也互异；适应力提升（adaptive upgrading），即社会结构分化的结果，使较扩散的结构单位所拥有的资源增加，束缚减少，从而增加了适应能力；容纳（inclusion），即在一个更大的整体内容纳分化出来的新的单位和系统；价值概化（value generalization），即社会对新分化出来的各单位和系统予以承认和肯定，使其获得恰当的"合法性"。①

现代性表现在社会组织上的一个首要特征，便是社会结构的进步性分化和功能的专门化，用帕森斯的术语，即社会功能体系分化出四种功能子系统，分别是：适应（Adaptation）、目标获取（Goal attainment）、整合（Integration）、模式维护（Latent pattern maintenance），即AGIL。以上AGIL分别对应着社会分化出的四个制度领域的功能，即经济领域实行适应（A）功能，政治领域实行目标获取（G）功能，社会领域实行整合（I）功能，文化领域实行模式维护（L）功能。有必要指出，分化包括形式上分化和实质上分化两种形式，前者指社会出现专门化的单位（角色、制度、组织等）并被加以制度化，而后者则指新出现的单位各自获得了很高程度的自治：它们以一种均衡的方式被容纳进一个社会统一体中。这意味着，形式上分化指社会各部分制度上的分离和功能的专殊化，而实质上分化则指各分化部分获得充分自治的

---

① ［美］塔尔科特·帕森斯 著《社会的演化》，远流出版事业股份有限公司，1991年版，第60—63页。

问题。

在结构—功能分化的进程中，分化有以上这两种形式，而容纳也有均衡性容纳和非均衡性容纳两种形式。所谓均衡性容纳，是指分化出的各单位在被整合到社会统一体中时，其各自系统内的逻辑都被充分考虑到，在这一容纳过程中，分化单位各自都获得了高度的自治；而非均衡性容纳，则指在容纳整合过程中，一个或几个分化单位的逻辑和价值支配了其他的分化单位。均衡性容纳只有在社会出现实质上分化的时候才可能产生，而考察现代化的历史轨迹会发现，大多数的现代社会的容纳和整合都是以一种非均衡性容纳的方式来实现的，即一个或几个分化的单位或系统将其逻辑强加在其他的分化单位上。

在以西欧和北美为代表的西方现代性中，自由资本主义的长期发展和统治地位意味着经济领域（A）中的市场逻辑和竞争原则支配了政治领域（G）中的非形式主义的民主逻辑、社会领域（I）中的团结原则和模式维护领域（L）中的文化自治原则。自由资本主义暗含的做法就是，通过市场使社会同质化，从而消除各种地方主义和文化差异。这一点也正如英格哈德所言："西方现代性的必然结果基本上是以整个市场的普遍一元文化特征为基础的。"[①]

而在以日本为代表的某些东亚国家的现代性中，则显示了另

---

① 王列，杨雪冬 编译《全球化与世界》，中央编译出版社，1998年版，第20页。

外一种分化整合模式。在这种被称为"半威权主义"的现代性中,经济领域的市场逻辑和竞争原则与社会领域和模式维护领域中由文化价值观所形塑的团结原则紧密结合在一起,而以放弃政治领域中的有效代议制民主和自由主义的民主价值为代价。这种现代性与西方现代性相比,较少个人主义的特征,而更多的是一种"家长制式的团结方式",它将市场竞争和由国家引导的政府与企业之间的协作结合起来,更强调集体主义、团队精神和纪律的价值。

当代社会学家中,对现代性有深入独到研究的当属英国社会学家安东尼·吉登斯,他的《现代性与自我认同》《现代性的后果》《社会的构成》等一系列著作,深刻剖析了现代性的起源、内涵、特征。他认为,"现代性与任何先前的社会秩序类型相比,更具动态性"[①]。在《现代性与自我认同》一书中,他主要关注于自我认同(Self-identity)的新机制的出现,并认为,"这种新机制,一方面由现代性制度所塑造,同时也塑造着现代性的制度本身"[②]。在发生了巨大变化的现代社会环境下,每个个体会有怎样的适应性的反应,这体现出了现代性塑造自我的一面。但另一方面,自我也并非仅仅"是由外在影响所决定的被动实体",其

---

① [英]安东尼·吉登斯 著 郑戈 译《第三条道路——社会民主主义的复兴》,北京大学出版社,2000年版,第166页。
② [英]安东尼·吉登斯 著《现代性与自我认同》,生活·读书·新知三联书店,1998年版,第2页。

会借助于制度性反思,参加社会实践等,对现代性制度施加影响和作用,从而达到塑造现代性制度的效果。另在《现代性的后果》一书中,吉登斯则重点对现代性做了"断裂论的"(discontinuist)解释,这里的"断裂","是指现代的社会制度在某些方面是独一无二的,其在形式上异于所有类型的传统秩序"[1]。同时,吉登斯认为,"理解断裂的性质,是我们分析现代性究竟是什么,并诊断今天它对我们产生的种种后果的必不可少的开端"[2]。如果从这个角度来理解现代性,可以说现代性是划分历史进程的一个重要尺码,也是把握历史进步的一个尺码。它标志着人类社会由传统社会进入到了一个新的现代社会,或者说是与过去传统社会的断裂。可以说,"只有在断裂的意义上,现代性才能获得其独特的意义"[3]。

---

[1] [英]安东尼·吉登斯 著 田禾 译《现代性的后果》,译林出版社,2000年版,第3页。
[2] [英]安东尼·吉登斯 著 田禾 译《现代性的后果》,译林出版社,2000年版,第3页。
[3] 汪民安 著《现代性》,南京大学出版社,2012年版,第39页。

第三章

现代性与风险

现代性与风险的关系表现为:政治领域,出现了一系列旨在控制风险的社会政策;经济领域,资本主义制度、工业主义制度与风险密切相关;社会领域,福利国家制度、社会保险制度的出现体现了管理风险的企图;文化领域,风险文化、风险意识的出现。

现代性的表现维度:抽象理论层面,如基于分工的有机团结、抽象系统与专家系统;具体实践层面,如福利国家制度、社会保险制度、法治;个体价值观层面,如文化上的理性主义、个体主义、功利主义。这些维度都与风险有着千丝万缕的联系。

一、现代性与风险

什么是现代性的根本特征，也许这句话最能代表："一切坚固的东西都烟消云散了。"前现代性所囊括的一切在现代性这里都烟消云散了，一切都充满了不确定性，而这就是"风险"，现代性和风险之间存在着密切的联系。

现代化、工业化伴随着快速的、戏剧化的社会变迁，而人类的基本需求之一——生活在一个有秩序的和可预测的世界之中，在现代化的环境中受到极大的冲击。这正如1848年马克思和恩格斯在《共产党宣言》中所说的："一切社会状况不停的动荡，永远的不安定和变动，这就是资产阶级时代不同于过去一切时代的地方。"① 也正是波兰尼在《巨变》中所说的："在现代工业社会中，人们无时不受外在力量的左右。"② 现代化的变迁体现在与人口变迁、城市化、社会分化等相关的现象中。首先是巨大的人口迁移过程，使数以百万计的人口离开他们的农村家乡，集中在功能上复杂、文化上多元的城市之中；其次是劳动分工有了巨大发展，出现了多样化的职业角色和要求特定能力、技能和培训的不

---

① 《马克思恩格斯选集》第1卷，人民出版社，1995年版，第275页。
② 卡尔·波兰尼著《巨变——当代政治与经济的起源》，社会科学文献出版社，2013年版，第9页。

同职业；再次，日益增强的社会分化也体现在生活方式和消费模式的多元化、市场和政治领域中的选择上，个体从所隶属的特定等级或特定社区中解放出来。①

面对工业化、现代化所带来的巨大社会变迁，身处工业革命初期的英国艺术家、批评家和改革者约翰·罗斯金曾暗示说"英国人民正在失去它们的方向"，因为"过去和未来的位置都被骚动不安、不知餍足的现在霸占了，自然的安静正在逐渐离开我们。"② 如果原先的社会束缚被彻底削弱，如果所有的事情似乎都有所可能，个体将会变得迷失方向和无所适从。诚如伯曼所言："所谓现代性，也就是成为一个世界的一部分，在这个世界中，用马克思的话来说：'一切坚固的东西都烟消云散了。'"③

诚然，"进步是必须以社会变动的代价来换取的。如果变动的速度太快，社会就会在变动的过程中瓦解"④。在这样一个充满不确定性、一切都有所可能的新时代，人们迫切需要某种工具来掌控自身的命运，实现社会控制。而"风险"概念的出现，正是帮助人们适应现代化进程所带来的快速的社会变迁，它借助拓殖未来的方式来实现人们对社会和周围环境的把握和控制，所以，

---

① [意]艾伯特·马蒂内利著《全球现代化——重思现代性事业》，商务印书馆，2010年版，第21—22页。
② [美]彼得·索尔谢姆 著《发明污染：工业革命以来的煤、烟与文化》，上海社会科学院出版社，2016年版，第64页。
③ 汪民安 等主编《现代性基本读本》下，河南大学出版社，2005年版，第660页。
④ 卡尔·波兰尼著《巨变——当代政治与经济的起源》，社会科学文献出版社，2013年版，第156页。

"风险的含义及其应用的变迁与现代化的进程有关"。①

"现代性最强调控制,即让世界服从于人的支配。"② 这种控制体现在人对自然的控制、国家对社会的控制等各个层面。"毫无疑问,现代社会以物质丰富的形式带来进步","它也带来了对自然和社会环境的越来越多的控制"。③ 现代性以对自然和社会的工具性控制取代了传统。这一点正如鲍曼在《对秩序的追求》一文中所言:"只要存在是通过设计、操纵、管理、建造而成并因此而持续,它便具有了现代性。"④

现代人力求对自己的生活获得某种控制,现代的人相信,人类在很大程度上能够学会控制环境,以实现自己的目标,正如美国著名学者塞缪尔·亨廷顿所言:"现代人和传统人之间的差异就是现代社会和传统社会之间的差异。传统人是被动和安于现状的,他们期望自然和社会的稳定,不相信人类有改变或控制自然和社会的能力。相反,现代人既相信变化的可能性,又相信变化的可取性。他们具有信心,认为人类有控制变化的能力,并以此来达到他们自己的目的。"⑤ 而要实现这种控制,就需要引入"风

---

① [美] 华勒斯坦 等著《开放社会科学》,生活·读书·新知三联书店,1997年版,导言,第4页。
② [英] 安东尼·吉登斯 著《现代性与自我认同》,生活·读书·新知三联书店,1998年版,第169页。
③ 汪民安 等主编《现代性基本读本》下,河南大学出版社,2005年版,第511页。
④ 汪民安 等主编《现代性基本读本》下,河南大学出版社,2005年版,第783页。
⑤ [美] 西里尔·X·布莱克 编《比较现代化》,上海译文出版社,1996年版,第43页。

险"概念,这一概念一方面意味着未来的一种"不确定性";另一方面也意味着对这种"不确定性"进行控制,即"借助拓殖未来的方式来实现这种控制"①。"在现代性的条件下,借助知识环境的反思性组织,未来被持续不断地拖入现实之中。"② 所以,吉登斯认为,"风险的观念是人类把握未来和利用历史实现目的的努力的必不可少的一部分"③。尤其在当代社会,"掌控人生的想法已越来越受重视,'风险'的概念现在被广泛地用来解释偏离标准、不幸和恐怖事件,这个概念强调人类的责任并认为通过'采取某些行动'可以防止不幸的发生"④。

当彼得·伯恩斯坦宣称"区分现代时期和过去的界限的革命性思想是对风险的控制:一种未来不再是上帝的一闪之念和男人女人面对自然不再消极的观念",他也许是夸张的,但他的基本观点"我们拓殖未来和控制风险的能力由于源自数学和统计学的理性技术的发展已经取得了革命性的突破",却毫无疑问是正确的。⑤

在18、19世纪期间,早期实现现代化的西方工业化国家试图

---

① [英]安东尼·吉登斯 著《现代性与自我认同》,生活·读书·新知三联书店,1998年版,第169页。
② [英]安东尼·吉登斯 著《现代性与自我认同》,生活·读书·新知三联书店,1998年版,第4页。
③ [英]安东尼·吉登斯 著 李惠斌 杨雪冬 译《超越左与右——激进政治的未来》,社会科学文献出版社,2000年版,第156页。
④ [澳大利亚]狄波拉·勒普顿著《风险》,南京大学出版社,2016年版,第3页。
⑤ Culpitt, Ian. Social Policy and Risk. SAGE Publications, 1999, p.56.

有效地控制管理人口，以及应对工业革命所带来的剧烈社会变迁，在此过程中，"概率和统计科学被发展成为计算标准和鉴别偏离标准的手段，也因此体现了当时认为理性的计数和排序可以治理社会紊乱的想法。这些领域在当时已成为现代主义者技术性风险概念的重要基础"①。在现代社会中，我们通过分析来自过去经历的数据，发展出关于未来的可信赖的预测的能力已经得到了彻底的改变，这主要得益于统计推论和系统化列数方法的发展。人口统计计数、簿记、出生和死亡登记、死亡率表、犯罪数字、事故率等，这些如雪片般的印刷数字，成为了预测和规划未来的原始资料。大量的数据集合，仔细的抽样和分类，以及通过引入正态分布、标准偏差等其他统计概念所进行的系统化的分析，再加上一系列不断增加的关于事务运作的科学的理解，所有这些，改变了我们控制机会和处理不确定性的能力。泽劳德将统计学分析的广泛应用视为现代治理的一个新方面，是不无道理的，统计学分析"显示对于计划和威胁的数字表示能力"②。

区分现代社会和传统社会的并不是管理风险和拓殖未来的企图，而是能力，即现代社会中正式地、有效地控制风险和拓殖未来的理性化、系统化方法的创造和广泛采纳，这其中尤其是概率理论的出现和运用，"18—19世纪，概率数学发展起来，促进了

---

① ［澳大利亚］狄波拉·勒普顿著《风险》，南京大学出版社，2016年版，第5页。
② Culpitt, Ian. Social Policy and Risk. SAGE Publications, 1999, p.56.

概率推理在风险问题中的应用"。① 玛丽·道格拉斯认为，概率理论提供了"一种现代思维"，② 概率分析被认为是风险的历史起点。而伯恩斯坦则指出，"概率理论只有在关于人性的某种观点被接受后才成为可能"。所以，他认为"概率理论必须等到启蒙时期才能发现，因为在此时期之前，'命运'或者上帝才被认为是好运或者厄运的唯一决定者"③。

风险以及我们对它控制的企图是目的性行动的必然结果，是现代性的重要维度之一。"现代性指的是在现代化过程中所具有的社会生活和文化的特定形态"④，而这种体现现代性的特定形态的形成，在很大程度上都有"风险"概念的参与和建构作用。社会学家卢曼认为，风险概念的产生是近期才有的，"把风险从危机中分离出来的可能性必然源于现代性之社会特征。从本质上说，它产生于人们对以下事实的认识：大多数影响着人类活动的突发性事件都是由人为造成的，而不是由上帝或大自然所造成的"⑤。

对"风险"概念与现代性之间关系的再审视，我们发现，

---

① [英]彼得·泰勒－顾柏等 编著《社会科学中的风险研究》，中国劳动社会保障出版社，2010年版，第3页。
② [英]珍妮·斯蒂尔 著《风险与法律理论》，中国政法大学出版社，2012年版，第20页。
③ [英]珍妮·斯蒂尔 著《风险与法律理论》，中国政法大学出版社，2012年版，第32页。
④ [意]艾伯特·马蒂内利著《全球现代化——重思现代性事业》，商务印书馆，2010年版，第13页。
⑤ [英]安东尼·吉登斯 著《现代性的后果》，译林出版社，2000年版，第28页。

"风险"概念在分析现代性的过程中可以成为一个新的切入点，"风险"概念可以成为社会学分析现代性的一种新依据。风险构成了现代性的一个重要维度。无论是在社会结构、社会组织和制度层面，还是在个体的主观经验层面、人格层面，现代性，都包含着风险元素。社会学大师马克斯·韦伯曾将现代社会的特征描述为由理性化的进程所推动，其原则是将目的性——理性行动的准则运用于各个领域的社会行动，从生产、工商到政府以及日常生活的行为；著名社会学家米歇尔·福柯则强调"治理性"，认为治理性是社会监管和控制的方法，"作为策略和理性指导的治理性从18世纪以来就在西方国家的政治权力中占主导地位"[1]。安东尼·吉登斯则通过描述在现代组织和现代生活中更普遍的反思性的重要性来阐释这一主题：组织和个体正越来越多地以系统化的方式来监控他们的行为，并且用科学知识和专业知识来影响他们的决策。现代性的关键特征在于时空的重组和脱域机制，而脱域机制中的一种重要表现就是专家知识系统。现代性最强调控制，即希望人能支配周围的环境和世界，专家知识系统的出现，就是为了更好地进行这种控制。而在德国社会学家贝克看来，风险的概念直接与反思现代化的概念相联系，"风险可以被界定为一种处理由现代化自身所导致和引进的危害和不安全的系统方法。风险，与早期的危险相对，是与现代化的威胁性力量和这种

---

[1] [澳大利亚]狄波拉·勒普顿著《风险》，南京大学出版社，2016年版，第70页。

力量的全球化相关联的结果"①。最近，玻尔（Micheal Power）描述了"审计风暴"，即遍及商业和公共领域组织的迅速发展的检查、核实和控制技术。其目的是增加这些组织的透明度和负责性，以此增强它们的效能，以更好地控制和管理"不确定性"。

"每一个这些相互联系的进程：理性化、治理性、专家系统、反思性、通过审计进行的监管，都是现代性与众不同的特征，每一个被设想出来都是为了识别、度量和管理那些由特定的个体和组织所面对的各种各样的风险。"②所以，正如吉登斯所言："现代性是一种风险文化。"③"在风险计算的背后潜藏的"不过是对开启现代性的"启蒙哲学的全面评价"。④ 也正如法国社会学家达尼洛·马尔图切利所认为的："现代性始终是一种充满不安，面对现实的关系方式"，"现代性是寻求对一种不安的答案"。⑤ 这种不安就是不确定性，就是风险。也如鲍曼所言："现代性是关于秩序的生产。"⑥ 而这种对秩序的追求，很大程度上表现在对各种风险和不确定性的操控和管理。所以，正如雷迪所说："现代人通过发明'风险'一词已经消除了真正的非决定性或者'不确

---

① Beck, Ulrich. Risk Society. SAGE Publication, 1992, p. 21.
② Ericson, Richard V. and Doyle, Aaron. ed. Risk and Morality. University of Toronto Press, 2003, p. 73.
③ ［英］安东尼·吉登斯 著《现代性与自我认同》，生活·读书·新知三联书店，1998年版，第4页。
④ ［英］安东尼·吉登斯 著 李惠斌 杨雪冬 译《超越左与右——激进政治的未来》，社会科学文献出版社，2000年版，第156页。
⑤ ［法］达尼洛·马尔图切利 著《现代性社会学》，译林出版社，2007年版，第1页。
⑥ 汪民安 等主编《现代性基本读本》下，河南大学出版社，2005年版，第790页。

定性'。他们已经学着通过可计算（calculability）的神话把一个彻底的非确定性的宇宙改造成一个可管理的宇宙。"①

可见，"风险"与现代性是相互影响、相互印证的，是一种双向互动的关系。"风险"概念，一方面由现代性所产生并形塑，同时另一方面也塑造着现代性本身。

从风险的角度来理解现代性，"现代性总是涉及风险观念"。② 现代性犹如一柄双刃剑，既给人类社会带来了巨大的福祉，也带来了各种消极后果——风险，如失业、工伤、生态环境破坏、核威胁等。在现代性条件下，"人类具有了超越以前难以超越的环境限制的能力，但又没有能力预判或控制他们的新技术产生的后果，这二者之间似乎存在矛盾"③。所以，现代性的显著特点之一在于：一方面不断释放出各种新的风险，同时另一方面，对这些新风险的认识和管理又不断回到对现代性的建构之中。无论是在社会制度层面，还是在个体的主观经验层面，现代性的很多维度都体现出了风险元素以及风险元素在其中的建构性。

从现代性的角度来理解风险，"风险的含义及其应用的变迁与现代化进程有关"④。风险是现代性的产物，风险已成为现代性

---

① [澳大利亚] 狄波拉·勒普顿著《风险》，南京大学出版社，2016年版，第5页。
② [英] 安东尼·吉登斯 著 周红云 译《失控的世界》，江西人民出版社，2001年版，第22页。
③ [美] 彼得·索尔谢姆 著《发明污染：工业革命以来的煤、烟与文化》，上海社会科学院出版社，2016年版，第7页。
④ [澳大利亚] 狄波拉·勒普顿著《风险》，南京大学出版社，2016年版，第4页。

的一个基本特征，风险与现代社会的社会结构和基本特征紧密相连，风险根植于现代社会的深层结构之中。现代性所强调的控制，对"未来的拓殖"，都需要引入"风险"概念，"风险被认为是控制将来和规范将来的一种方式"①。"风险"概念的引入意味着对自然、社会的控制与把握，对未来的规范和创造。对风险的认识与管理是现代性的重要体现之一，在现代性的视域下，"通过不断努力，风险被问题化，被当作可计算和可治理的"②。

就风险与现代性的关系而言，现代性与风险具有多重的内在关涉。现代性与风险是相互影响、相互建构的。如现代性的显著特征之一是结构分化（或劳动分工），复杂的结构分化一方面"增加了系统的一般生产率，另一方面，它激发了冲突，并创造了复杂的社会整合问题"③。我们可以认为，现代性条件下的复杂的结构分化引发了各种新的风险和不确定性，例如，资产阶级与工人阶级之间的劳资冲突风险。而为了缓和劳资冲突风险，在西方国家，一系列的法律法规和政策制度开始出现并发展，在此基础上逐渐产生了现代福利国家，而福利国家制度是现代性在社会制度层面的重要体现。如下图的路径演示：

现代性→结构分化→风险（如劳资冲突风险）

---

① ［英］安东尼·吉登斯 著 周红云 译《失控的世界》，江西人民出版社，2001年版，第22页。
② ［澳大利亚］狄波拉·勒普顿著《风险》，南京大学出版社，2016年版，第71页。
③ ［意］艾伯特·马蒂内利著《全球现代化——重思现代性事业》，商务印书馆，2010年版，第54页。

劳资冲突风险→福利国家→现代性在制度层面的重要体现

另外,现代性的重要特征之一,还在于风险的社会性建构,风险不仅是现存的和不言而喻的实体,而且与风险有关的担忧和焦虑的表达也是社会建构的产品。

风险现在已经成为现代性文化必不可少的组成部分,作为危害的风险是表达和捍卫利益的一个文化代码;风险表达了处理不确定性和由它们所产生的担忧的迫切;长期以来的发展趋势是现代政府通过法律调节、福利计划和强制性的保险方案,在风险管理方面承担起越来越多的责任;风险话语对于自由主义而言至关重要,实际上,风险的承担和对它的管理被视为是在自由、选择和自治的表达方面必不可少的;风险是构成现代文化所必要的一部分;风险的兴起由风险交流系统的进步而加速;风险随着我们的情绪而涨落。可见,在现代性文化中,"风险是人类主体性的一个核心方面;风险被看作能够通过人类干预而被管理的事物;风险与选择、负责和问责的概念相联系"①。

而且,在现代性的成熟阶段,存在着风险加剧的趋势,这一加剧的"风险既是客观的(与政治关系及当代生产和生活模式相连的风险的更大存在),也是主观的(对风险本身更为敏锐的感知)"②。

---

① [澳大利亚] 狄波拉·勒普顿著《风险》,南京大学出版社,2016年版,第21页。
② [意] 艾伯特·马蒂内利著《全球现代化——重思现代性事业》,商务印书馆,2010年版,第151页。

二、现代性与风险管理

风险与现代性紧密联系,现代社会与风险和风险管理共同发展。现代社会的发达分工和高度复杂性导致了不确定性和风险的增加,因此"现代社会是风险管理的社会"。如同弗兰克斯·埃瓦尔德(Francois Ewald)所说:"社会正变得日益根据风险技术的原则来理解它自身和它自身的问题。"① 而"风险分析也已成为组织、企业、群体和民族国家战略考虑的重要组成部分"②。一旦风险被识别,一旦风险被注意到,人们就会采取相应措施来管理或减小它的负面影响。现代世界也许充满了风险和危险,但正如同人们所看到的,它同样也包含了众多的实践、组织和制度,用来识别和管理风险,减少不确定性,应对危险。

"随着现代社会变得更加组织化、更加理性化和更加管理化,诸如审计和检查正从商业世界扩展到生活的其他组织和领域,系统化的风险评估和管理正变得无处不在。"③在这个意义上,正式的风险管理成为现代社会特有的制度之一,成为现代性的重要体

---

① Ericson, Richard V. and Doyle, Aaron. ed. Risk and Morality. University of Toronto Press, 2003, p. 73.
② Culpitt, Ian. Social Policy and Risk. SAGE Publications, 1999, p. 9.
③ Ericson, Richard V. and Doyle, Aaron. ed. Risk and Morality. University of Toronto Press, 2003, p. 73.

现。在现代民族国家的发展过程中,风险问题和风险管理制度结合着现代政治和社会制度,在现代社会中发挥着重要作用。对各类风险进行积极主动地管理,也是现代民族国家政府履职的主要体现。现代社会的政府,已经从前资本主义时期的"守夜警察"角色,转变为了向社会提供各种服务、各种福利的"万能超人",积极采取各种措施,预防并管理社会风险,化解各类社会矛盾是其基本的职能。

德国社会学家卢曼在他所创立的社会系统论中指出:"在现代社会中,由于功能分化,社会的复杂程度急剧增加,偶发性和无知也随之增加。"[①] 所以,现代社会的所有"决定"或"决策"可能产生的后果都是偶发的,不固定的,在某种程度上都是风险决定或风险决策,因此风险管理可以被理解为:是政府或其他管理组织机构做出的旨在防范或降低风险的决策和措施。

二战结束后,许多国家越来越开始感到一种压力:政府要能够管理好本国公民未来的命运,为受到贫困、失业、疾病、灾害或其他风险影响的人们提供有效的援助。这种对风险的关注,一方面意味着那些曾经在战争中被各国大力推动和促进的新技术:化学、生物、交通、核武器、监视工具和大众传媒等,同样可以在为和平、繁荣和福利所做的服务中被安全地加以重新改造和利

[①] 周志家 著《风险决策与风险管理——基于系统理论的研究》,社会科学文献出版社,2012年版,第79—80页。

用；另一方面也意味着政府机构有必要显示出它们有能力预测并且防止那些已初露端倪的新危险的发生，这些新危险或者源于自然界，或者源于人类社会，或者源于二者之间的复杂互动。

进入20世纪80年代后，在有关风险预防和风险管理的议事日程上又出现了许多新的问题：新的环境问题，诸如滥砍滥伐、臭氧层破坏、物种减少和气候改变；新的对和平的威胁，如来自先发制人的核打击，或2001年"9·11"事件后的全球恐怖主义；新的对全球流行性疾病的恐惧，从艾滋病、"非典"危机到禽流感；以及新的似乎是难以根除的社会"疾病"，诸如贫困、对人权的践踏。①

澳大利亚学者狄波拉·勒普顿认为，在当前西方社会个人和机构的关切中占主导地位的"风险"至少可分为六大类，分别是"环境的风险，生活方式的风险，医疗风险，人际风险，经济危机，犯罪风险"②。在不断加大的风险总量和不断出现的新型风险面前，各国政府普遍意识到：它们必须要有能力提供可靠的风险预测和令人信服的解决方案。在此背景下，风险分析和风险管理已成为当今时代民族国家战略思考中的重要一部分。

风险管理是一门新兴的学科，最早起源于美国。在20世纪30年代，受世界性经济危机的影响，美国有40%左右的银行和企

---

① Richter, Ingo K. Berking, Sabine and Muller-Schmid, Ralf ed. Risk Society and the Culture of Precaution. Palgrave Macmillan, 2006, p. 30—31.
② ［澳大利亚］狄波拉·勒普顿著《风险》，南京大学出版社，2016年版，第11页。

业破产，为此，许多大中型企业设立了保险管理部门，专门负责安排企业的各种保险项目，保险开始成为当时风险管理的主要方式。到 20 世纪 60 年代，风险管理逐步发展成为一门独立的学科，风险管理方式呈现出多样化发展的趋势。20 世纪 70 年代开始，随着社会所面临的风险日益复杂多样，风险管理理念及方法开始在全球范围内传播，法国、日本等国家相继从美国引进了风险管理的理念与模式，逐渐掀起了全球性的风险管理热潮。"风险管理"自 20 世纪 30 年代被提出后，已逐渐超越了传统的金融和保险领域，不仅成为企业经营管理的核心管理哲学，而且被提上了更广泛的政治决策、社会政策等议程，成为整个社会关注的焦点。随着时代的发展，风险管理领域出现了某些新的变化，其总体趋向是：风险管理中的政治色彩越来越浓厚，越来越重视对复杂的社会风险环境的认识，参与风险管理的主体呈现出多元化的趋势，越来越强调加强信息沟通。① 以往，风险管理往往被视作是技术层面上的问题，而现在已被深深打上了政治烙印；过去，风险管理的主要任务是识别和控制风险，而现在风险管理的工作范围还涉及复杂的风险环境，这其中包括风险的起因、与风险有关的政治选择，例如：怎样在不同的风险之间进行权衡？怎样与受到风险影响的公众进行沟通？以及怎样将公众对于社会公平的

---

① Richter, Ingo K. Berking, Sabine and Muller–Schmid, Ralf ed. Risk Society and the Culture of Precaution. Palgrave Macmillan, 2006, p.31.

需求整合进风险分析的过程之中；传统上，风险管理被认为是专家垄断的领域，而现在需要广泛的社会公众和他们的政治代表的积极参与；从前，在风险管理中往往是相关部门各自为战，而现在则强调加强信息沟通。

德国著名社会学家乌尔里希·贝克（Ulrich Beck）提出的"风险社会"（risk society）理论对于风险管理也有着重要影响。贝克认为，人类社会将逐渐进入一个与传统的现代化社会完全不同的"风险社会"之中。在传统的现代化社会中，人们相信人的理性力量可以控制自然和社会，这种对社会的看法可以称为一种"常态社会"的观点，这也是"现代性"的一种体现。但是，随着科学技术的高速发展以及经济全球化的迅猛推进，人类社会进入了一种"高级现代性"阶段，以往"常态"社会的观点已经日益不能符合社会的实际情况，人们不得不正视世界已开始进入"风险社会"这一事实。在"风险社会"中，应对各类社会风险开始成为社会最关注、最重要、最复杂的工作，这正如贝克宣称的："风险已经取代了阶级和其他的经济和社会变量而成为现代生活中最根本的组织力量。"在此背景下，如何有效地进行社会风险管理也成为现代世界各国最为关注和耗费人力、物力、精力最多的领域之一。"社会风险管理"理念也正是基于这一趋势和背景应运而生的。

社会风险管理（Social Risk Management，简称 SRM）是世界银行于 1999 年最先提出的一个有关社会保护政策方面的全新理念，其目的就是根据现代化目前发展阶段所出现的种种问题和风险，拓展现有的社会风险管理思路。它强调综合发挥社会保护的正式制度安排和非正式制度安排的作用，更有效地处置各类社会风险并探索适合各国国情的社会保护机制。在此之后，世界各国对社会风险管理的重视逐渐加强，针对社会风险管理的研究不断深入。根据国际上最新的研究成果，社会风险管理是一个综合性的、强调可操作性的框架，其背后的理念是：所有的个人、家庭和社区在管理来自各种渠道的风险时都是脆弱的，不管这些风险的源头是来自自然领域（地震、洪水、雪灾、火山爆发、泥石流）、环境领域（污染、滥砍滥伐、全球变暖）、健康领域（食品安全、流行性疾病），还是来自社会领域（失业、贫富分化、社会动荡）、经济领域（金融海啸、大规模企业倒闭）。所以，这一框架强调综合协调政府、市场、个人及公民社会在管理社会风险上的作用。

可以说，社会风险管理是一个综合性的、可操作性的框架，这一框架将关注的焦点从风险应对转向预防风险、降低风险和评估可能的损失。正如风险管理的格言所述：损失前的预防胜过损失后的补偿。

社会风险管理框架主要有三个要素：（1）全面的风险管理策略（包括风险的预防、缓和和应对）；（2）各种形式的风险管理安排（非正式的、以市场为基础的、公共供给的）；（3）多元的风险管理参与者（来自个体、家庭、社区、非政府组织、企业、政府和国际组织，乃至全球公民）。

　　社会风险管理主要有三大策略：（1）预防性策略。预防性策略是在风险事件发生之前所实施的策略，用来降低未来风险发生的可能性。预防性策略表现为有效的宏观经济社会政策、环境保护政策、公共卫生政策、职业教育和培训计划等，诸如为减少劳动力市场上的风险（如失业的风险）而设计的措施、提供有效的技能培训等。（2）缓和性策略。该策略意在风险发生之前找到处理它的措施。如果说预防性策略旨在减少风险发生的可能性，那么缓和性策略则致力于帮助个体和家庭减小未来风险发生后的潜在影响。（3）应对性策略。该策略一般在风险发生之后实施，用于减轻、抵消已经发生的风险所造成的后果。在此过程中，政府将扮演一个重要的角色。

　　在社会风险管理框架中，社会风险的处置方式主要有三种类型：（1）非正式的处置。人类社会抵御风险的文化源远流长，在这方面有丰富的传统资源如家庭、民间社会网络等。非正式的处置方式认识到这些传统的非正式制度在应对社会风险、实现社会稳定上的重要功效。家庭是社会生活的基础单位，也是社会风险管理的第一道防线，它能够灵活应对外部环境的变化，及时调适家庭的经济活动、生活模式、消费模式，以应对风险带来的冲击。民间社会网络包括邻里、亲属、朋友网络、民间社会组织等，它们可以及时向遭遇风险的个人和家庭提供物质、情感等方面的支持。（2）以市场为基础的处置。这一方式具有巨大的潜力，现代保险业是以市场为基础的处置社会风险的主要手段。据瑞士再保险公司《西格玛》杂志提供的数据，目前在世界各国风险管理实务中，60%以上的风险是通过保险转移的方法处理的。现代保险业作为市场化的灾害、事故补偿机制，现代生活风险管理最基本的手段，已经渗透到社会的各个领域、生活的各个方面，在参与社会风险管理、完善社会保障制度、维护社会稳定等方面发挥了积极的作用。对个人和家庭而言，合理购买保险可以将自身风险分摊到群体当中，利用市场的力量，可以有效解决个人抗风险能力的不足，大大提高个人和家庭抵御社会风险的能力；对政府而言，以往在社会风险管理中担当的责任过重，市场的作用没有充分发挥，风险损失不能有效分摊，而通过加大培育现代保险业市场，可以推动各主体形成社会风险管理合力，既合理减轻了政府在风险管理方面的责任，又能够在政府、企业与个人之间建立起风险的防范与分摊机制，最终实现政府、企业、个人共同控制及管理风险的良好局面。现代保险业已逐步演进为通过市场化手段提供社会风险管理保障的制度安排，对完善灾害防范和救助体系，增强全社会抵御风险的能力，具有重要的管理功能和不可替代的重要作用。(3) 公共处置。公共处置具有各种不同的形式，包括由政府提供的社会保险、社会援助、灾害救助、转移支付、疾病控制、立法和制定的其他社会政策等。现代社会的政府，本质上不是经营型政府，其主要职责之一是实施有效的风险管理。政府在社会风险管理中的主导地位不容置疑。当非正式的或以市场为基础的风险管理安排不存在或失效时，政府要能够为包括诸如失业、年老、工伤、残疾和疾病等在内的风险提供或者授权社会保险计划。在现实中，具有较低风险态势的个体由于保险费用问题往往回避参与保险基金，而具有较高风险态势的个体为了获得赔付支出而往往愿意参与。所以，由政府提供的法定的强制性的社会保险项目可以规避不利的选择性问题，产生较好的福利效果。在政府主导的针对社会风险的公共处置中，政府不仅有整套一系列措施帮助个体和家庭在风险袭来后进行应对，如社会援助、在基本的食品和服务方面的补贴及公共设施工程等，通过它的立法职能，政府也同样能够引入预防性策略（如在灾害易发地区制定相应的法规准则）。事实证明，许多政府计划（健康、教育、基础设施建设等）最终在社会风险预防中也扮演了一个重要的角色。

社会风险管理（SRM）的制度框架强调政府社会保障制度、市场保险机制、民间互助机构、家庭及个人在处置社会风险与实现社会和谐稳定上共同起着重要作用。它强调合理界定政府、市场、民间组织及家庭、个人的风险管理责任，通过社会政策来达到社会风险管理工具的科学组合，其特点是参与主体的多元化和管理策略、处置方式的多元化。这一特点也正符合当前社会政策的发展趋势——迈向"整体性社会政策"。而所谓"整体性社会政策"是国家主义、企业化思路以及平民主义范式的融合。即同时强调政府、企业和公民社会在构建全社会安全网、增进社会稳定、化解社会风险、实施社会治理方面的重要性。

　　风险及风险管理构成了现代性的一个重要维度，也是区分一个社会是否获得了现代性的一个重要标准，掌控风险被认为"划定了现代与过去之间的界限"。① 著名管理学大师彼得·德鲁克曾经指出，风险管理和保险对于促进西方世界在18、19和20世纪的经济进步所起的作用可与企业和商业所起到的作用同等重要。他甚至认为，一个社会处理类似于火灾、沉船之类偶然事故的能力是区分发达国家和发展中国家的一个重要特征。② 事实表明，一些如水灾、旱灾、地震等类似的灾害在发展中国家里更容易造成巨大的损失："1988年北美的旱灾造成了巨大的损失和困难，但仍无法和萨赫勒地区的旱灾相提并论。同样，相同震级的地震在东京和在墨西哥城所可能造成的毁坏程度也不能同日而语。"③这是因为经济基础薄弱、文化技术水平落后、专业知识匮乏、腐败以及公益组织的缺失等因素，使得广大尚未获得现代性的发展中国家在应对错综复杂的灾害和风险时往往举步维艰；而发达国家因为先进的管理和技术水平，在应对即将来临的灾害和风险时，能够做出准确的预测，提前发布预警，并及时做好相关管理

---

① ［英］珍妮·斯蒂尔 著《风险与法律理论》，中国政法大学出版社，2012年版，第6页。
② 郑杭生主编：《中国人民大学中国社会发展研究报告2004：走向更加安全的社会》，中国人民大学出版社，2004年版，总论。
③ ［美］珍妮·X·卡斯帕森等 编著《风险的社会视野》（下），中国劳动社会保障出版社，2010年版，第146页。

工作。

　　伴随着现代化进程，正式的风险管理已经扩展到社会的各个领域，"一套用于专家研究、知识和建议的工具已围绕风险概念发展了起来：风险分析、风险评估、风险传播和风险管理都是主要的研究和实践领域，用于在诸如医学和公共健康、金融、法律和工商业等尽可能多的领域衡量及控制风险"[①]。系统化的风险管理技术已经成为现代组织和制度的一个无处不在的要素，包括一系列规章制度的扩展、理性化的风险管理技术、反思性和审计等，无论是经济领域的 ISO9000 标准，还是社会领域的一系列社会保障和社会保险制度，其目的都是为了控制管理各类风险。这些已经成为当我们谈到现代化的内涵时的一个重要组成部分。

---

　　① ［澳大利亚］狄波拉·勒普顿著《风险》，南京大学出版社，2016年版，第9页。

第四章

现代性的三大理论模型与风险

现代性的三大理论模型分别是：社会分化、理性化和专家系统。以下，我们将就现代性三大理论模型中的风险元素进行研究。

一、社会分化与风险

（一）社会分化与现代性

如果说，对于现代化的研究，"经济学强调'起飞'，社会学则强调结构功能的'分化'，即只有'分化'才是现代化的具体表现"①。"社会分化日益增长,这是传统社会形式向现代社会形式发展过程中的特点","社会分工的高度专门化是现代工业化生产的特有产物"。② 美国社会学大师帕森斯也认为,"社会分化的水平成为能定义一个社会的现代性的主要标准"③。

"只有在埃米尔·迪尔凯姆那里,社会分化的概念才真正地作为现代性的模型得以形成","现代性能定义一个复杂和异质的社会,因为这样的社会是由数量越来越多和有等级的各种群体构成的"。"在这种社会中,个体强化他们的特殊性,从而使个体变得越来越互不相同。这同时要求个体有越来越多的互补性。"④

为什么会出现社会分化,迪尔凯姆认为,"社会分化是生存斗争的和平解决办法,社会分化避免了像动物界发生的一部分被淘汰、另一部分得以继续生存下去的现象,使一大部分人分化,继续生活下去"。这一点很重要,因为"从个人各不相同不再彼此相似时起,就不需要淘汰大多数人了,每个人都竭尽所能为集体生活作出贡献"⑤。

在一个分化的社会中,个体性逐渐凸现。迪尔凯姆指出,现代社会形式的发展与"个人主义"的扩张紧密相关,"这种现象

---

① [美]塞缪尔·亨廷顿等 著《现代化,理论与历史经验的再探讨》,上海译文出版社,1993年版,第129页。
② [英]安东尼·吉登斯 著 郭忠华 潘华凌 译《资本主义与现代社会理论——对马克思、涂尔干和韦伯著作的分析》,上海译文出版社,2013年版,第97页。
③ [法]达尼洛·马尔图切利 著《现代性社会学》,译林出版社,2007年版,第79页。
④ [法]达尼洛·马尔图切利 著《现代性社会学》,译林出版社,2007年版,第18页。
⑤ [法]雷蒙·阿隆著《社会学主要思潮》,华夏出版社,2000年版,第220页。

显然与社会分工的增长有关，社会分工导致了职业功能的专门化，因此也培育了特殊的才干、能力和态度"。① 迪尔凯姆认为，"在某种程度上，'个体'并不存在于传统文化中，而个体性也不被赞赏。只有随着现代社会的出现或更具体地说，随着劳动分工的进一步分化，分离的个体才成为人们关注的焦点"②。

但值得注意的是，"现代个体在显现自己的独特性的同时，对他人的依附也不断增加"③。现代社会的众多风险，正源于这一依附性或相互依赖性，"对风险的关注也倾向于强调相互依赖性。任何行为都可能造成风险"④。生活在现代社会中，每个个体的众多需求不可能由自己亲力亲为来满足，都需要依赖于他人所提供的劳动与服务，而在这一过程中，充满了各种不确定性，这就是风险。

分化的社会单元和以往融合的单元相比，无法自给自足，它们之间的交换变得更加普遍和复杂，也必须通过新的机制来加以调解。不同单元之间的交换包括商品、服务、影响、义务、权力和合法性的交换。物物交换系统转变成了货币交换系统，因为货币恰好是能适应复杂交换的一种普遍媒介。

---

① ［英］安东尼·吉登斯 著 郭忠华 潘华凌 译《资本主义与现代社会理论——对马克思、涂尔干和韦伯著作的分析》，上海译文出版社，2013年版，第96页。
② ［英］安东尼·吉登斯 著《现代性与自我认同》，生活·读书·新知三联书店，1998年版，第85页。
③ ［法］达尼洛·马尔图切利 著《现代性社会学》，译林出版社，2007年版，第30页。
④ ［英］珍妮·斯蒂尔 著《风险与法律理论》，中国政法大学出版社，2012年版，第38页。

社会的分化和个体的自由是现代性的特征之一，不断增加的社会分化同样也表现在生活方式和消费模式的多元化、市场上及政治领域中选择的多元化，每一个个体，摆脱了从属于某一特定等级或特定共同体的强制性的身份束缚，既看到了他的选择方式的增加，也看到了相伴随的风险和责任的增加，自由选择的实际扩大，势必造成风险的扩大以及风险的承担，如在金融市场上、在赌博场所里，在选择应该待在哪里或应该做什么的过程中，都增加了不利后果的可能性。

社会分化带来了越来越多的不确定性和"偶发性"德国社会学家卢曼将"偶发性"作为现代社会的基本特征，在传统社会中，由于宗教和政治系统在整个社会中占据主导地位，个人、组织和社会进行自我选择的余地很小，因此，稳定性和确定性是传统社会的基本特点。与此相对，现代社会存在着普遍和发达的功能分化，社会依据功能分化成若干相互平等、彼此无法取代的功能系统（如政治、经济、文化、教育、法律、科学等），现代社会中，决定都是由各社会系统自主进行的，这必然导致选择和决定的可能性的"爆炸"，一切都变得可以选择，未来是向无数的可能性开放的，偶发性因此成为现代社会的根本特征。可见，卢曼将"偶发性作为现代社会复杂社会系统的一个基础性的结构视野来看待，以此为基础界定风险，并将之归因于现代社会的功能分化和社会系统的自我制造"。①

（二）分工、信任与风险

社会分化来自劳动分工，在传统农业社会中，劳动分工现象并不明显，"小农人数众多，他们的生活条件相同，但是彼此间并没有发生多种多样的关系。他们的生产方式不是使他们互相交往，而是使他们互相隔离。……每一个农户差不多都是自给自足的，都是直接生产自己的大部分消费品，因而他们取得生活资料多半是靠与自然交换，而不是与社会交往"②。

现代社会带来了复杂的劳动分工，分工可以有效地提高生产效率，这一点，经济学巨擘亚当·斯密在其名著《国富论》中，曾形象地到举生产扣针的例子来加以说明。分工也使得现代工业社会出现了与传统农业社会截然不同的社会整合方式，这就是迪尔凯姆所划分的"机械团结"与"有机团结"：传统社会每个人都是自给自足的，相互独立的，被"机械"地整合在一起；而现代社会则建立在分工的基础之上，"每个成员都意识到自己是一个单独的个体，必须依赖他人"。③ 每个人都相互依赖、彼此需

---

① 参见 周志家 著《风险决策与风险管理——基于系统理论的研究》，社会科学文献出版社，2012年版，第64—65页。
② 《马克思恩格斯选集》中文版第1卷，人民出版社，1995年版，第693页。
③ 侯钧生 主编《西方社会学理论教程》，南开大学出版社，2010年版，第46页。

要，被"有机"地整合在一起，构成一个有机体。劳动分工带来了效率，增加了社会分化，但随之而来的问题是，源自彼此不同、彼此相互依赖的"信任"问题与"风险"问题开始出现。现代社会逐渐产生复杂的分工，在这一进程中，"减少人对自然依赖的过程却增加了人与人之间的相互依赖，使人感受到在社会生活中新的不安全感"①。社会分工意味着每一个人的日常生活，都不得不依赖于其他人提供的产品、服务和职业道德感，而后者有时是靠不住的。

首先，社会分工体系的有效运行是需要社会基础的，那就是"信任"。在传统农业社会中，每一个人都是自给自足的农民，衣食住行的来源都需要自己亲力亲为，彼此间很少交换，谈不上相互依赖，几乎不存在信任问题；而随着现代工业社会的来临，出现了发达的分工体系，每个人从事一项专门的职业，他的衣食住行很大程度上需要别人提供的服务和产品，于是彼此相互需要、相互依赖，在这个过程中，"信任"问题便应运而生，正如吉登斯所言："信任与在时间和空间中的缺场有关。"② 而分工使得我们对于其他人所提供产品和服务的过程几乎完全不知晓，我们在时空上都是"缺场"的，在此，"信任"便成为一个问题。在现

---

① [法]达尼洛·马尔图切利 著《现代性社会学》，译林出版社，2007年版，第201页。
② [英]安东尼·吉登斯 著 田禾 译《现代性的后果》，译林出版社，2000年版，第29页。

代社会中,信任具有重要的社会功能,"信任在本质上与现代性制度相联"①。卢曼认为,信任是"一个社会复杂性的简化机制",一个社会具有良好的信任机制,可以使人们"各安其位,各司其职","信任创造并维系了坚实的社会关系和社会系统",它是分工合作的润滑剂,有利于降低社会交易成本,提高效率。②

关于信任的重要性,伊兹欧尼曾强调:"如果没有一股强大的信任力量贯穿始终,就很难孕育出现代经济。"③ 而德国社会学家齐美尔也做出了强烈的呼吁,认为社会开始于人们之间的互动。在当代,互动的主要形式是交换,尤其是以货币为中介的交换,这种交换离开信任就无法进行,所以,整个社会的运行离不开信任。可以说,齐美尔开启了现代社会学"信任"研究的先河。在这一点上,齐美尔的文本中明显提及的有两处。一处是在1900年出版的巨著《货币哲学》中:"离开了人们之间的一般性信任,社会自身将变成一盘散沙。"④ "因为几乎很少有什么关系能够不建立在对他人确定的认知之上。如果信任不像理性证据或个人经验那样强或更强,也很少有什么关系能够持续下来。"⑤ 另

---

① [英]安东尼·吉登斯 著 田禾 译《现代性的后果》,译林出版社,2000年版,第23页。
② [美]珍妮·X·卡斯帕森等 编著《风险的社会视野》上,中国劳动社会保障出版社,2010年版,第169页。
③ [美]珍妮·X·卡斯帕森等 编著《风险的社会视野》上,中国劳动社会保障出版社,2010年版,第169页。
④ [德]西美尔 著《货币哲学》,华夏出版社,2002年版,第111页。
⑤ [德]西美尔 著《货币哲学》,华夏出版社,2002年版,第111页。

一处在1908年出版的《社会学》中:"信任是在社会之内的最重要的综合力量之一。"可见,"信任是复杂的现代社会的根本前提,有了信任人才能行动,社会才有凝聚力"①。

但美国社会学家英克尔斯则将"可依靠性"(calculability)或"信任"(trust)作为现代人格的显著特征之一。"现代人相信他生活其中的世界是可依靠的,可以相信他周围的其他人和组织会去履行他们的义务和责任,他比传统的人更准备信任陌生人。"② 这种信任的基础来自于他"相信这个在人类控制之下的由理性规律支配的世界"③。

其次,信任与风险总是交织在一起,正如卢曼指出:"信任应该主要被理解为与风险(risk)有关的产生于现代的概念。"④信任,与对风险的可承受力有关。"信任预先假定了对风险的认识,在面对偶然结果的情况下给予人们可靠性从而帮助减少其对潜在风险的困扰"⑤。信任意味着事先已经意识到了风险的存在,包含着对风险的容忍,"信任和经过估算的风险之间实际上总存在着一种平衡"⑥。所以,在卢曼看来,可以把信任问题视为是

---

① [英]彼得·泰勒-顾柏等 编著《社会科学中的风险研究》,中国劳动社会保障出版社,2010年版,第54页。
② Waters, Malcolm. Modernity: Critical Concepts. Vol. 2. Routledge, 1999, p.99.
③ Waters, Malcolm. Modernity: Critical Concepts. Vol. 2. Routledge, 1999, p.99.
④ [英]安东尼·吉登斯 著 田禾 译《现代性的后果》,译林出版社,2000年版,第27页。
⑤ [澳大利亚]狄波拉·勒普顿著《风险》,南京大学出版社,2016年版,第64页。
⑥ [英]安东尼·吉登斯 著 田禾 译《现代性的后果》,译林出版社,2000年版,第31页。

"一种风险投资"①。把钱放在银行里或把钱借给某个你熟知的亲人，其中的风险经过你的权衡是很小的，你完全能够承受，这就体现了你对银行或这个亲人的一种信任，以及对这笔风险投资的认可；而如果某个你不甚了解的人向你借钱，权衡之后，你认为风险太大难以承受，就可能做出拒绝借钱的决定，这就体现出你对这个人的不信任和拒绝做出这笔风险投资。

同时，现代社会带来了复杂的社会分工，分工造成了交换，交换需要货币，货币交易则需要信任。齐美尔特别强调货币履行它的基本功能所依赖的信任的特性，他在《货币哲学》中指出，货币交易离开了公众的信任是无法进行的，"铭刻在马耳他钱币上的铭文——'此乃信用，而非铜币也'——正说明了信任因素的重要性"②。信任是货币的社会基础，齐美尔将货币看作一种信任的"表达"，这种信任包含了对货币"供"与"需"的信任。其中，对货币"供"的信任，"既可以是对政府的，也可以是对其他任何能够决定钱币价值与其票面价值关系的人"；而对货币"需"的信任，则是"被接受的货币可以以同样的价值再次花掉"。对货币"供"与"需"的信任，"即对一个经济社会的信任，这个经济社会可以保证对于某种交换中的过渡性价值或钱币，都可以丝毫无损地被替代"。③

---

① ［德］尼克拉斯·卢曼 著《信任》，上海世纪出版集团，2005年版，第30页。
② ［德］西美尔 著《货币哲学》，华夏出版社，2002年版，第111页。
③ ［德］西美尔 著《货币哲学》，华夏出版社，2002年版，第111页。

经济社会学家苏珊·斯特兰奇将货币看作是一种价值的"安全"储备,人们可以利用它来应对不确定的未来,这与经济学大师凯恩斯将货币描绘为"风险的免除"的观点产生某种共鸣。对于凯恩斯而言,货币"缓解忧虑"是一个"将现在与未来联系起来的巧妙设置"。我们将货币作为一种价值储备的意愿的大小,这是我们信任程度的一个晴雨表,这种信任与我们对于未来的估计和习俗有关。

(三)全民焦虑的社会

从差序的角度有利于理解在中国社会,人和人的信任是如何构成的,中国人的信任关系,可称为"差序信任",即越亲近的人越信任,而越信任则意味着交换中的风险越小。

当今中国社会是一个普遍焦虑的社会,高房价、激烈的职场竞争、食品安全等问题拷问着每一个人。焦虑的出现,源自以下几方面:首先是风险意识的增强。风险即"不确定性",当今社会"激发了一种不确定性的泛化氛围,这种不确定性使得个体感到坐立不安"。[①] 其次是信任感的缺失。何为信任,吉登斯说得

---

① [英]安东尼·吉登斯 著《现代性与自我认同》,生活·读书·新知三联书店,1998年版,第217页。

好，信任与在时间和空间中的"缺场"有关。① 与传统社会相比，现代工业社会开始出现了发达的分工体系，何为分工，简单地说，就是各司其职，相互依赖，而对于"我"来说，"我"所需要的产品和服务，在很多时候，都是在我"缺场"的情况下生产出来的，这里面就存在一个信任问题。一段时间前，联想集团曾宣布要进入农业，而此前，网易的丁磊养猪也曾轰动一时。随着三聚氰胺事件、地沟油、毒大米等一系列食品问题的曝光，食品安全问题成为社会关注的焦点。在此背景下，企业家们纷纷从三产、二产回到一产，种菜、养猪，吃放心菜、放心肉，似乎可以理解其行为的动机，然而这一现象还反映出了当前中国社会的一个深层次问题，那就是为现代社会发达的分工体系提供运行基础的信任的缺失。成功企业家有足够的财力、物力，可以使自己回到自给自足的状态，吃上"放心菜""放心肉"，而对于普罗大众来说，现代社会的发达分工体系已经形成了"各司其职"的局面，要突破这一格局是很困难的。

二、理性化与风险

理性化也是现代性的主要理论模型之一，"它表示在现代性

---

① [英]安东尼·吉登斯 著 田禾 译《现代性的后果》，译林出版社，2000年版，第29页。

中不存在能干预社会生活的不可预测的神秘力量,因而社会生活几乎完全地和唯一地成为理论预测的对象"①。理性化将"导致不断增加的行为的规律性和可预测性"②,而这正是对"不确定性"即风险的一个承认、控制过程。

"自17世纪开始,社会的运转方式逐渐被理性的风潮所席卷,理性以一种巨大的耐心驻扎在社会的生产和管理领域""社会也由此开始步入现代,它的标志性特征,正是根据理性组织起来的现代资本主义企业和现代国家"③。韦伯在对加尔文教的研究中谈到了理性概念,加尔文教所倡导的道德生活是被"系统地合乎理性地安排"的,其特点是"经常性的自我控制和对自己的生活进行精心规范"④。也就是说,"圣徒的一生作为,务必系统规划,目标清晰,坚定不移。他能够自我控制,摆脱冲动,摒除爱欲等自然状态的骚扰"⑤。

理性是现代性的一个核心观念。"韦伯从新教伦理中推导出来的资本主义组织方式的理性化,是现代性的一个关键发轫点"⑥,将理性视为现代社会组织形式的内在根基。他认为,"社

---

① [法]达尼洛·马尔图切利 著《现代性社会学》,译林出版社,2007年版,第145页。
② [法]达尼洛·马尔图切利 著《现代性社会学》,译林出版社,2007年版,第146页。
③ 汪民安 著《现代性》,南京大学出版社,2012年版,第68页。
④ 马克斯·韦伯 著《新教伦理与资本主义精神》,译林出版社,2007年版,第97页。
⑤ 汪民安 著《现代性》,南京大学出版社,2012年版,第59—60页。
⑥ 汪民安 著《现代性》,南京大学出版社,2012年版,第63页。

会现代化进程的动力主要来自管理型国家和资本主义经济",这"两个领域的制度核心在于国家的官僚机关和企业组织"①。而"无论是现代国家,还是现代企业,其组织方式的内在脉络就是理性",这个意义上的理性,"指的是精心规划和仔细盘算。现代社会机构充斥着这种计划性"。②

在韦伯看来,理性化是现代资本主义的突出特征,"它因建立在精确计算基础上而得以理性化,以远见和谨慎寻求经济的成功,这与传统主义的农民过一天算一天的生活形成鲜明的对照"③。韦伯认为,资本主义的理性独特性,是资本主义组织方式的合理性,它属于目的理性,即"通过精益求精地设计合适的手段,有计划、有步骤地达到某种特定的实际目的",其标志性含义就是"计划性"④,但这种"计划性",实际上又包含了对达到特定的实际目的的过程中的各种"不确定性"的考虑,以及相应的应对策略和措施,这便是理性化过程中所包含的"风险"元素。

经济理性,则在于规避市场和生产中的风险。经济社会学家波兰尼指出了理性化在工业革命后的资本主义工业生产中的重要性:"工业生产不再是由商人依买卖方式而组织起来之商业的附

---

① 汪民安 等主编《现代性基本读本》(上),河南大学出版社,2005年版,第126页。
② 汪民安 著《现代性》,南京大学出版社,2012年版,第5页。
③ [英]安东尼·吉登斯 著 郭忠华 潘华凌 译《资本主义与现代社会理论——对马克思、涂尔干和韦伯著作的分析》,上海译文出版社,2013年版,第164页。
④ 马克斯·韦伯 著《儒教与道教》,商务印书馆,2003年版,第32页。

属品；它这时已经涉及长期的投资及相对应的风险，除非持续的生产被合理地确定，这样的风险是难以担当的。"①

齐美尔认为，作为人类，我们的与众不同之处是我们具有一种以有意识的、讲究策略的方式来追求目标的能力，② 这是理性的特点。而成熟的货币经济则是理性的体现，它由一个互相联系的货币延伸网络组成，这一网络跨越整个社会。它的发展是理性化的思想和行动增长的结果。与货币相联系，社会行动以计算关系的形式被表达。③ 同时，货币在人类关系中具有重要意义，因为"货币促进了社会关系的理性化，因为它提供了一种抽象的准则，使那些即使性质完全不相同的东西也可以进行比较，或相互化约"④。

理性主义是培育科学和地理大发现以及科技和企业创新的基础，它相信理性的力量可以控制和改变自然。理性主义也意味着对于知识的追求，现代性的到来，使得这一点获得了新的推动力，因为对于知识的追求摆脱了知识对于某一特定宗教的从属地位，对于知识的持续追求是批判精神的产物，这在古希腊的哲学

---

① 卡尔·波兰尼著《巨变——当代政治与经济的起源》，社会科学文献出版社，2013年版，第155页。
② [英] 尼格尔·多德 著《社会理论与现代性》，社会科学文献出版社，2002年版，第30页。
③ [英] 尼格尔·多德 著《社会理论与现代性》，社会科学文献出版社，2002年版，第31页。
④ [英] 安东尼·吉登斯 著 郭忠华 潘华凌 译《资本主义与现代社会理论——对马克思、涂尔干和韦伯著作的分析》，上海译文出版社，2013年版，第18页。

精神中就有基础，现在伴随着启蒙运动而发展。

理性不仅渗透到现代制度和现代组织之中，它同样也浸入到每一个人的行为和意识之中，正如伯杰在《现代性及其不满》中所言："内在于现代科技的理性把它自己强加在每个个体的行为和意识之上，表现为诸如控制、限制，以及作为同样的象征——阻止。"①

三、专家系统与风险

现代性的重要特征之一是专家系统的出现。

吉登斯认为，"抽象系统"包括"符号标志"与"专家系统"②，"抽象系统依赖于信任"③，"抽象系统对日常生活的渗透，再加上知识的动力特征，这便意味着风险的意识已渗入到几乎每一个人的活动中去了"④。"符号标志是交换媒介，它有标准价值，因此在多元场景中可以相互交换。其本原的，也是最为重要的例

---

① Waters, Malcolm. Modernity: Critical Concepts. Vol. 2. Routledge, 1999, p. 81.
② [英]安东尼·吉登斯 著《现代性与自我认同》，生活·读书·新知三联书店，1998年版，第20页。
③ [英]安东尼·吉登斯 著《现代性与自我认同》，生活·读书·新知三联书店，1998年版，第157页。
④ [英]安东尼·吉登斯 著《现代性与自我认同》，生活·读书·新知三联书店，1998年版，第128页。

证就是货币。"①"货币是与现代性密切相连的脱域机制的一个实例。"②

所谓专家系统,"指的是由技术成就和专业队伍所组成的体系,正是这些体系编织着我们生活于其中的物质与社会环境的博大范围"③。专家系统不仅被现代性所编织和建构,而且也成为了现代性极其重要的动力机制。

现代性最强调控制,即希望人能支配周围的世界。而抽象系统的出现就是为了更好地进行这种控制,"对自然的技术侵入就是这类抽象系统发展的状况"抽象系统所带来的,"自然的社会化"有助于使许多先前对人类行为的不规范的或无法预期的影响稳固化。如现代社会中水、热力和电力的供应:"用水管有系统地供应水的做法,已经大大减少了使许多前现代社会生活蒙受痛苦的众多不确定性中的一种,即水供应上的不确定性特征。"④但是,抽象系统有时会"失灵",抽象系统大规模地侵入到日常生活中去也会产生许多新的使个体不知所措的风险,如"有关中央供水系统方面的问题所造成的后果,有时会比前现代的周期性水

---

① [英]安东尼·吉登斯 著《现代性与自我认同》,生活·读书·新知三联书店,1998年版,第20页。
② [英]安东尼·吉登斯 著 田禾 译《现代性的后果》,译林出版社,2000年版,第23页。
③ [英]安东尼·吉登斯 著 田禾 译《现代性的后果》,译林出版社,2000年版,第24页。
④ [英]安东尼·吉登斯 著《现代性与自我认同》,生活·读书·新知三联书店,1998年版,第156页。

缺乏所可能造成的混乱不堪的后果更为严重"。这一论点的典型案例，如松花江水污染所导致的哈尔滨饮用水危机事件，江苏盐城标新化工厂污染水源所引发的自来水引用危机事件，所以，抽象系统、专家系统的重要作用之一是控制不确定性、管理风险，但抽象系统、专家系统本身也会带来新的不确定性，产生新的风险。

所以，作为现代性重要特征之一的"抽象系统"，在控制管理风险的同时，又产生了新的风险。吉登斯认为，专家系统和符号标志这些晚期现代社会的脱域机制，产生了它们自身独特的风险和信任形式。这些专家系统是我们生活中的一个不可回避的重要组成部分，它们无孔不入地深入我们生活的世界，涉及各个领域，"我们无法选择置身于它们之外。从空运控制、食品生产到发电，我们都暴露于这些系统所产生的风险之中，不管我们是否直接利用它们"[1]。"因为我们每日所面临的风险是我们时代所特有的。它们不是自然风险……它们被我们的专家系统所制造、设计出来。"[2]

对每个人而言，处理风险也许是一个日常任务，但是在现代社会，对风险的反思性态度使得一系列职业化的专家系统开始兴

---

[1] [英]尼格尔·多德 著《社会理论与现代性》，社会科学文献出版社，2002年版，第240页。

[2] [英]尼格尔·多德 著《社会理论与现代性》，社会科学文献出版社，2002年版，第241页。

起，它们的主要任务就是对特定的风险进行正式的测量和管理。这些不同种类的专家包括：工程师、化学家、毒理学家、流行病学家、交通规划师、安全专家、军事情报员、精算师和金融分析师、消防官员、精神病专家、社会工作者、犯罪学家、健康和安全官员，以及无数的其他领域的专家等——他们都是被用来识别、分析和控制特定的风险的。所以，大部分专家系统的作用之一，也是它们发挥的关键功能，是管理和减少那些特定种类的风险。所以在很大程度上，专家系统是一种风险管理系统，在现代社会，人们借助专家系统的主要目的在于对风险的有效规避。

管理风险在某种程度上是为社会提供信任，专家系统在管理风险的基础上提供了信任。随着现代社会的发展，人们的信任也从"个人信任"转为"系统信任"，这表现为对各种各样的"专家系统"的充分信任，所以，专家们的知识成为人们安全感的重要基础。

福柯将18世纪晚期、19世纪初"医学诊所"的出现，视作是专家系统的重要标志。诊所是出于对当时逐步升级的各种社会运动的"担忧"的一种反映，而它的出现也是与自由主义的原则和社会保护的需要相协调的。"医学诊所"的大规模出现代表着生活的普遍"医学化"，福柯认为这种与生活的普遍"医学化"相关的权力是巨大的，因为"这种权力运作在统治权和正在出现的国家惩戒机制的空隙之间"①。人们所给予医生的信任代表了一种新的权力形式。这种权力存在于知识和对疾病的治愈之中，而不是来自法理学上的约束力，这种权力是更加微妙的，它通过风险加以平衡。"医生"的称呼代表了一种几乎是毋容置疑的权力的表达，因为"它所联结的统治权和惩戒绝对是整个政治权力机制所必需的两个构成要素"②。诊所研究、监控和制度化的护理行为是一种使国家人口获得安全的方式，这些新的"实践"构成了国家治理技术的一部分。

正是现代治理程序"将职业化的专家系统神圣化"，通过暗示，否定整个"外行知识小集团的合法性"，职业化的专家系统发展出一套代码语言，以及它的"强烈的准则和价值观"。③ 专家系统的吸引力与迅速发展的医学专业联系在一起，预示着某种统治的可能性，而这种统治并不依赖于先前关于权力的假定。这标志着从地位权力的统治向专家知识的统治的转变。专家系统的职业神圣性是新治理体系的一个必需组成部分，"这一机制将特定的知识转化成官僚制的权力"④。可以说，正是现代性下的社会分化逐渐导致了职业专门化，并在此基础上产生了专家系统。而专家系统是新的治理体系的重要构成部分，其权力来自于知识，来

---

① Culpitt, Ian. Social Policy and Risk . SAGE Publications, 1999, p. 56.
② Culpitt, Ian. Social Policy and Risk . SAGE Publications, 1999, p. 56.
③ 参见 Culpitt, Ian. Social Policy and Risk . SAGE Publications, 1999, p. 57.
④ Culpitt, Ian. Social Policy and Risk . SAGE Publications, 1999, p. 57.

自于对特定风险的管理。

外行行动者与科学的专家系统之间的关系是现代社会的一个与众不同的主要特征，专家关于食品、健康、人际关系、金融和投资等方面的观点和建议很快渗透进公众的意识和个体的日常工作生活中。由于这些专家工作在各个行业和政府的各个部门，所以，风险管理是一个社会和技术的复合问题。

社会学作为一门学科，长期以来一直致力于理解变化的社会结构对于个体和集体实践的影响，在当前有关结构/能动的动态关系的讨论中，风险概念已变得非常关键。"只要是现代公民，都或多或少地习惯了与风险相处。"[1] 随着科学和技术工具的逐渐发展与混合，使得专家系统能够识别各种风险，也迫使个体在微观层面上来管理风险，而这些风险在过去很可能是未知的。在这样一个社会性焦虑被大众传媒广为传播的时代，"无论是由外行行动者还是由技术专家来组织的社会世界，风险概念都是基本的"[2]。同时，个人不得不在微观层面上越来越多地管理自身的风险，普通大众也变得越来越质疑专家系统，并愿意在风险问题上批判专家的观点。尤其在当前这样一个高级现代性的时代，很多风险不是传统的、可统计的、可预测的威胁，没有任何一种专家

---

[1] Walklate, Sandra and Mythen, Gabriel. Agency, reflexivity and risk: cosmopolitan, neurotic or prudential citizen? British Journal of Sociology, Vol. 61, p. 143.

[2] ［英］安东尼·吉登斯 著《现代性与自我认同》，生活·读书·新知三联书店，1998年版，第4页。

系统能够成为全能的专家系统，把危机的不确定性转化为确定性。尤其面对新风险的挑战时，专家往往和民众一样无知和束手无策，这也会使信任的基础动摇，导致风险恐慌的产生以及人们通过比照对风险治理机制产生的不信任，而这些进一步增加了现代风险难以捉摸的不确定性。

第五章

现代性的社会制度层面的风险元素

现代性体现在社会制度和组织层面的元素有：资本主义、工业主义、福利国家制度、社会保险制度、现代法治。其中许多都与"风险"因素有着密切的联系。

"现代性完全改变了日常社会生活的实质，影响到了我们的经历中最为个人化的那些方面。我们必须从制度层面上来理解现代性。"① 社会制度层面的现代性，首先表现在政治发展中不断增加的社会参与。社会参与的增加，其意义也体现在新旧社会精英在社会变迁过程中相对抗的冲突之中，新的社会精英要求更好的科层制效力和政府及制度的有效性，如对工业化过程中出现的各种风险的有效管理。"现代社会的兴起与工业社会的出现具有千

---

① ［英］安东尼·吉登斯 著《现代性与自我认同》，生活·读书·新知三联书店，1998年版，第1页。

丝万缕的联系。"① 而工业化具有两面性：一个是动力的、进步的，具有空前丰富的前景；另一个是工业化的阴暗面，工业化大量的新成就也带来了一系列新问题，如失业、社会贫困、贫富差距、城市拥挤、环境破坏等，这些都需要相应的应对策略和措施。

"现代制度与以前所有形式的社会秩序迥然有别。"② 工业革命后，"为了处理工业上制造出来的风险和不安全感而制定的一整套规则"③ 开始浮现出来，对这一体现现代性的众多社会制度的研究可以发现，构成现代性重要维度的众多现代社会制度，都是为了应对工业化过程中出现的风险而产生并发展的，是为了使"工业化所造成的副作用具有可控性"④。我们可以把从18世纪至20世纪的工业化进程视为风险的形成过程和对它们的回应过程，即对风险的制度化的回应过程。可以说，正是在这种制度化的回应过程中，"系统化的风险管理技术已成为现代组织和制度的一个无处不在的要素"⑤。

---

① 汪民安 等主编《现代性基本读本》下，河南大学出版社，2005年版，第489页。
② [英]安东尼·吉登斯 著《现代性与自我认同》，生活·读书·新知三联书店，1998年版，第1页。
③ 汪民安 等主编《现代性基本读本》下，河南大学出版社，2005年版，第524页。
④ [德]乌尔里希·贝克，约翰内斯·威尔姆斯 著 路国林 译《自由与资本主义》，浙江人民出版社，2001年版，第124页。
⑤ Ericson, Richard V. and Doyle, Aaron. ed. Risk and Morality. University of Toronto Press, 2003, p.71.

在这一过程中，风险已经成为了现代社会治理中的一个重要元素，"风险已成为治理的核心"①。现代社会治理中很多的制度设计、法律法规、规章条例都和风险有关。福柯将风险与"治理术"理论联系在一起，该"理论框架视风险和保障为权力和统治的中心因素，因此也是治理社会的一种策略。风险不是客观事实的直接产物，而是代表了提炼并控制现实的方方面面的某种特定方法"②。福柯认为，现代国家用新的手段管理其人民，以此达到国家目标，在此背景下，"出现了复杂微妙的秩序体系，一整套理性的国家体制。该体制自认为有责任评估、规划、结构、配置和监管其公民。为了达到这些目的，当局者发明了审计、司法准则、经济管理和福利工具、教育、城市规划和再分配措施，以便加强生命历程中的保障"③。福柯认为，对于风险的管理和控制是"治理的艺术"，因为在他看来，与治理相关的事实际上是人，只不过这个"人"是与财富、资源、谋生手段、领土这些事关联、交织的人，是与习俗、习惯、行为方式和思维方式这些事关联的人，是与饥荒、流行病、死亡等事故和不幸这些事关联的人。④而这一点正是一个人生命周期中所可能遭遇的风险。所以福柯提

---

① [英] 彼得·泰勒-顾柏等 编著《社会科学中的风险研究》，中国劳动社会保障出版社，2010年版，第12页。
② [英] 彼得·泰勒-顾柏等 编著《社会科学中的风险研究》，中国劳动社会保障出版社，2010年版，第37页。
③ [英] 彼得·泰勒-顾柏等 编著《社会科学中的风险研究》，中国劳动社会保障出版社，2010年版，第36—37页。
④ 汪民安 等主编《现代性基本读本》下，河南大学出版社，2005年版，第389页。

出的"治理术"在很大程度上包含了对风险的管理。

一、资本主义与风险——无风险、无利润、无资本主义

资本主义是一种生产模式，它建立在为了市场上的成功竞争而追求经济理性的最大化和科技的工具性基础之上。

从资本主义最早的萌芽和起源来看，无论是意大利，还是后来的英国，它们都是海洋国家，有着深厚的海洋文化，而海洋文明对于风险与收益的看法与大陆文明有着很大的不同，这使得海洋国家在面对风险的时候比大陆国家要更加偏好风险，更加容易接受商业交换，这就让在挣脱了中世纪宗教束缚以后的欧洲可以更加快速地投身于地理大航海、自然科学研究、工业革命等需要较大风险偏好的活动中，而这些带来的高收入结果又促进了资本主义的继续壮大。

在风险讨论中，有必要引入经济学原则，根据牛津英语词典，有关"风险"的第二条含义是："经济企业中可接受的机会并被认为是（企业家）利润的源泉。"支配工业革命后西方资本主义世界的经济体系的基础是：为市场交换进行生产以追求利润。这是建立在投资者和企业家愿意用他们的资产进行冒险以不确定地期望未来能获得金融回报的意愿之上的。所以，"资本主义不是为满足自己需要而是纯粹为交换而生产的生产方式，从一

开始就充满风险,甚至,很多资本家正是充分利用这种风险来获取超额利润"①。因此,"资本主义经济,无论是内部还是外部,就其本质来说都是不稳定的和不安定的"②。正如伯恩斯坦指出,管理风险的能力,以及伴随之的冒险的欲望和做出有远见、有前途的抉择,是驱动资本主义经济体系前进的动力的关键要素。无风险,无利润,无资本主义。在这个意义上,自现代资本主义占据统治地位后,风险以及它的管理已经成为我们社会管理中的重点。③ 这一点和马克斯·韦伯的观点不谋而合。韦伯认为,资本主义的特征是以最大限度的利润为目的,而这种追求利润的欲望"不是用巧取豪夺、投机冒险的手段加以满足的,而是靠纪律和科学满足的"。"对利润的追求和合理的纪律这两者结合,在历史学上构成了西方资本主义的特点。"④ 在韦伯看来,资本主义把最大限度的追求利润和科学理性的风险管理巧妙结合在一起。

资本主义是一种特殊的工业生产、分配和交换的类型,它的显著特点之一是:经济生产是工业化的生产,此生产方式是建立在正式的理性基础之上的,即从一个持续地对成本和收益精确计算的角度来衡量和组织生产,相应的,需要对生产过程中的各种

---

① 薛秀军 著《直面风险:现代性困境与当代中国求解》,厦门大学出版社,2010年版,第29页。
② 汪民安 等主编《现代性基本读本》下,河南大学出版社,2005年版,第416页。
③ Ericson, Richard V. and Doyle, Aaron. ed. Risk and Morality. University of Toronto Press, 2003, p.67—68.
④ [法]雷蒙·阿隆著《社会学主要思潮》,华夏出版社,2000年版,第356页。

风险因素进行考量、管理和控制。

吉登斯将资本主义视为现代性的四个基本体制维度之一,在他看来,"资本主义企业化经营在推动现代社会生活离开传统世界的体制方面起到了主要作用"[1]。同时他认为,资本主义与工业主义之间存在着明确的联系,即"由科学和技术联合铸造的现代工业,则以过去世代人类所不可想象的方式改变着自然界"。"工业主义成为了现代性条件下人类与大自然相互作用的主轴线。"[2]资本主义的工业化生产使一个社会能更好地承受来自自然和社会环境中的对它的存在产生威胁的各种因素,"逐渐受制于人类的调配和控制的不仅是人工建造的城市环境,也包括大多数自然景观"[3]。即在吉登斯看来,工业化使一个社会能更好地控制它周围的环境,这与"现代性最强调控制"是相互契合的,而"风险"概念的引入,就是为了实现这种控制。

二、福利国家:风险管理的国家

(一)福利国家的出现

随着工业化进程的开启,对政府的治理能力提出了前所未有

---

[1] 汪民安 等主编《现代性基本读本》下,河南大学出版社,2005年版,第416页。
[2] 汪民安 等主编《现代性基本读本》下,河南大学出版社,2005年版,第415页。
[3] 汪民安 等主编《现代性基本读本》下,河南大学出版社,2005年版,第415—416页。

的挑战。在现代化进程中，个体离开了他们传统的生活工作环境和居住地，也脱离了他们在身体上和精神上与原有家园的联系，这也意味着在新的城市工业环境中，他们的需求发生了剧烈的改变。他们需要政府提供工作方面的服务（以应对周期性或季节性的失业风险），住房方面的服务（以应对高租金成本和贷款利息），交通方面、医疗方面以及有关疾病、年老的社会保障方面的服务，此外，也包括子女以及他们自身教育方面、预防通货膨胀方面、促进就业的措施等方面的政府提供的服务。这些新的需求实际上是在一个新的城市工业环境中，应对各种新风险的需要。

这些新的需求不可能由传统的领导者们来满足（如土邦主、酋长、族长），也不可能由从前工业和前现代时期沿袭而来的政府机构来完成，实际上它们需要的是一种政府治理能力的提高，特别是在经济和社会政策方面，在公共管理的数量和质量上的提高，以及在政治精英方面的改变，包括它们的社会动员能力、征募能力、功能和话语权。

于是工业革命后，在18世纪末19世纪初开始逐步成型的现代民族国家便承担起满足这些新需求和管理风险的责任，而这也正是现代性的一种体现。"可以将现代性视为是在英国工业革命和法国大革命之后最先在西欧出现的一种占支配地位的社会协调（social arrangements）类型。"这种协调产生了空前的社会动员。所谓社会动员，是指"人们所承担的绝大多数社会的、经济的、心理的旧义务受到侵蚀而崩溃的过程，由此人们可以获得新的社会化与行为的模式"①。"这种空前的社会动员削弱了传统上地方性的社区对于人们的束缚，把人们带到了更靠近'中央'的地方。更确切地说，将人们整合到一个更为广阔的、在一定意义上构成了我们称之为民族国家的政治、经济、社会和文化的舞台上。"② 和所有前工业化阶段的传统国家相比，现代民族国家的独特性在于它获得了空前的行政力量，使得国家更容易并能成功地渗透到社会中，并由此强化了国家的社会监控力和社会控制力。由于17世纪的科学革命、18世纪的工业革命和随后出现在经济、行政、军事和文化等领域的技术发展，"使得现代民族国家能够成功地动员各种人力和非人力资源达到相当的程度，使得原来各种分立的地方主义被削弱了。'臣民'开始变成了'公民'，人们逐渐地将他们原先对地区性的传统社区的忠诚转向对民族—国家这样一个'虚拟共同体'"。③

第一次现代性的风险管理是以现代民族国家为基础进行的，吉登斯认为，"民族—国家是拥有边界的权力集装器，是现代时

---

① [美] 塞缪尔·亨廷顿等 著《现代化，理论与历史经验的再探讨》，上海译文出版社，1993年版，第30页。
② Mouzelis, Nicos. Modernity: a non – European conceptualization. British Journal of Sociology, Vol. 50 No. 1, p143
③ Mouzelis, Nicos. Modernity: a non – European conceptualization. British Journal of Sociology, Vol. 50 No. 1, p. 143.

期最为杰出的权力集装器"①。高度发达的现代社会控制，正根源于这一现代社会的民族—国家特征，其突出表现就是国家与社会的高度融合，国家对社会的控制越来越强，国家的社会动员能力越来越强。以民族—国家为边界所进行的空前而积极的社会动员，对于传统社会救济、风险救助领域的影响是：由于行政技术和监控技术的发展，使得对于社会弱者和经济贫困者进行照顾的义务和责任，逐渐从亲属单元和地区性社区转向集中化组织的福利国家，由此导致了广泛的整个民族国家范围内的医疗健康、保险、社会保障和人口管理制度的产生，建立在现代民族国家基础上的社会风险管理、风险控制机制逐渐形成。在民族国家的形成过程中，贫困、失业、疾病、灾害等这些威胁国家稳定的风险，不仅仅是民族国家需要尽可能处理好的既有问题，实际上它们也是民族国家形成发展中的一个方面，而为了解决贫困、疾病、灾害等社会发展问题而建立起来的风险管理制度则代表了民族国家当局促进和维护国家社会稳定的愿望。所以，正如贝克所言："这种风险观念和保险逻辑的辩证法事实上是民族国家对内建立秩序的主要手段"。②

---

① [英]安东尼·吉登斯 著 胡宗泽 赵力涛 译《民族—国家与暴力》，生活·读书·新知三联书店，1998年版，第145页。
② [德]乌尔里希·贝克，约翰内斯·威尔姆斯 著 路国林 译《自由与资本主义》，浙江人民出版社，2001年版，第123页。

（二）福利国家与风险管理

在工业革命后相当长的一段时期里，"贫困的风险""健康的风险"等一直都是社会冲突、社会保障等领域中的主题，经过相当长时期的斗争和努力，才建立起了现代社会福利国家的准则和标准，并从政治上来努力缩减或限制这一系列风险。"在每一个个体的生命历程中，都会遭遇到各种各样的风险，而福利国家一直被视为是解决这些风险问题的有效手段。"①

福利国家从其一开始到现在一直关心风险管理，吉登斯认为，"福利国家在很大程度上是由国家控制的管理风险的制度"②。其背景是"19 世纪末 20 世纪初，各国政府纷纷将上层工人阶级和中下层中产阶级的互助会风险分担项目扩大，并将之国有化，纳入社会保险，以应对政治压力。这便是欧洲福利国家的基础"③。"福利计划是社会保险的一种形式。保险指的是以应付未来的不测为导向的风险管理计划——一种处理（可预见的）危害

---

① Peter Taylor-Gooby. et al. Risk and the welfare state. British Journal of Sociology, Vol. 50 No. 2, p. 177.
② 杨雪冬，薛晓源 主编《"第三条道路"与新的理论》，社会科学文献出版社，2000 年版，第 73 页。
③ [英] 彼得·泰勒-顾柏等 编著《社会科学中的风险研究》，中国劳动社会保障出版社，2010 年版，第 4 页。

的手段。"① 所以,"福利制度与控制风险之间的联系是非常根本的"②。

  福利国家是一个风险管理的国家,风险管理的尝试是建立在民族国家基础上的福利国家政府之为政府的基本方面。在吉登斯看来,这反映了现代性与从前的社会秩序形态的冲突,因为在前现代社会,个体的贫穷、疾病等风险只是一种"偶然"的事情,而社会福利概念的产生反映了人们对社会不公的重新理解,更反映出社会和经济生活可以人为控制这样一种占优势的想法。凯恩斯主义对古典经济学理论的批判在这里显得非常重要,在20世纪30年代之后的几十年间,占支配地位的正统经济学派把大规模的失业风险看作是一种可以有效控制的风险。③ 国家的福利制度被理解为一种风险管理制度:国家有义务为受到失业、贫困、疾病、灾害或其他福利制度涵盖的风险影响的人们提供援助。这种援助很大程度上表现为西方福利国家有效地实现了社会保险的普遍化,尤其实现了整个生命周期社会保险的普遍化,意味着全社会相对固定的风险分配。同时,国家的福利制度已不仅是作为一种应急措施而建立,它变成了各国政府稳定经济社会发展的一项

---

① [英]安东尼·吉登斯 著 李惠斌 杨雪冬 译《超越左与右——激进政治的未来》,社会科学文献出版社,2000年版,第141页。
② [英]安东尼·吉登斯 著 李惠斌 杨雪冬 译《超越左与右——激进政治的未来》,社会科学文献出版社,2000年版,第156页。
③ [英]安东尼·吉登斯 著 李惠斌 杨雪冬 译《超越左与右——激进政治的未来》,社会科学文献出版社,2000年版,第141页

带有战略性和普遍性的长远政策。第二次世界大战后在西方出现的福利国家制度和以苏联为代表的社会主义国家实行的社会福利制度，将这种由国家管理风险的思想发展到了极致。

福利国家制度的出现，也是为了缓解阶级冲突的风险。阶级冲突是现代化进程中社会发展方面的关键性门槛之一，它具有不同的方式和剧烈程度，但往往倾向于在工业化的起飞阶段呈现出最剧烈的程度。这一冲突的危机被认为只有当工人阶级（或总体上的从属阶级）的社会整合完成时才能被克服。

"在现代国家的发展过程中，风险问题和风险管理制度结合着现代政治和社会制度，在现代经济中发挥着重要作用。"① "现代国家是一个福利国家，一个管理的国家，一个提供保障的国家"②，它为它的公民提供保险，保障他们免于损失，控制经济风险和环境危险，保护个体免于社会的伤害和经济上的灾难，它所依赖的基本工具是那些经典的风险管理技术：统计数据、保险、纪律、规则、标准化、制定规范和检查。③ 总体而言，福利国家和国家保险制度的出现，是为了使人类的生存状况可由工具理性来加以控制。

---

① ［英］彼得·泰勒-顾柏等 编著《社会科学中的风险研究》，中国劳动社会保障出版社，2010年版，第5页。
② Ericson, Richard V. and Doyle, Aaron. ed. Risk and Morality. University of Toronto Press, 2003, p. 61.
③ Ericson, Richard V. and Doyle, Aaron. ed. Risk and Morality. University of Toronto Press, 2003, p. 61.

在现代社会，长期的历史发展趋势是政府开始对风险管理承担越来越多的责任。通过各种法定的规则、法律准则和标准、强迫性的保险以及对那些需要者提供相应的补助金等，来管理各种社会风险。在此过程中，风险管理逐渐成为了现代社会政府的一项基本功能，就如同对内维持国内的和平、法令和秩序，对外抵御外敌的入侵一样。至少在欧洲工业革命的早期阶段，政府的"警察权力"才开始扩展到诸如保证基本的卫生系统、抑制传染病的流行、管理度量衡等领域。但是在现代社会，对于任何一个国家而言，对于风险的专业化管理已经成为政府的一项基本职能和任务，并在实践中触及到各个领域：从食品、药品的管理到生产标准的制定，从工作中的健康和安全保障到环境治理，从社会保险和经济政策到有关侵权的法律准则和公民的责任与义务的规定。通过他们的作为和不作为，政府在特殊的政治结构中，无处不在地在分配风险、管理风险。

产生这种风险治理国家的历史因素是多种多样的，但其中一个最主要的原因，就是为每一天的生活进程和产品生成信任和相信的需要，这种信任的需要已经逐渐超越了使用者对产品控制和理解的需要。我们愿意喝下水龙头中的自来水，吞下医生开的药，登上飞越大西洋的飞机，或允许一座核电站坐落在我们这个地区，所有这些，都依赖于我们相信提供这些产品的系统是被正确管理的，并且符合可接受的安全标准。政府当局通过构建一个管理和检查的框架，来致力于提供这样一个信任的基础，以保证健康和安全达到标准。①

关于谁应对控制和管理风险负责的问题，是一个重要的和反复出现的问题。在实践中，风险管理的责任是在个体、企业和政府机构之间被适当分配的，这种特定的责任分配是一个社会政治和经济结构大致的指示器。例如，在一个更加强调福利的社会，政府倾向于担当总体的风险管理者，通过一系列的法规条例、标准制定和检查制度治理风险，并且作为一些无法补偿的损失的最后承保者；而在更强调自由市场的社会，个体则要承担更多的风险管理责任，依赖于私人的保险或个体的诉讼来补偿由他人行为所造成的损失。

三、社会保险制度与风险

（一）社会保险制度：风险的分配制度

保险业在中世纪末期开始萌芽，最初是管理贸易风险的一种方法。当时保险业中所涉及的"风险主要体现为远洋贸易活动可

---

① Ericson, Richard V. and Doyle, Aaron. ed. Risk and Morality. University of Toronto Press, 2003, p. 61.

能带来的或正面或负面结果的不确定性"①，其时，西班牙和意大利等地中海沿岸国家的海上贸易逐步兴起并日渐发展，而由于当时的航海技术和气象预警的相对落后，海难事故经常发生，虽然这样，但由于海上贸易有着巨大的利益，故而人们仍然趋之若鹜。为了减轻事故所造成的损失，货运商想到通过保险来分担可能发生的风险，于是，海运保险公司便应运而生。②

在工业革命后的现代化进程中，保险业得到了迅速发展。可以说，创造现代性条件下新秩序的重要机制之一是保险产业的发展。风险与保险有着密切的联系，在很大程度上，保险是通过风险的交易把风险进行再分配的行为。"风险提供了一项或者一套用于控制偶然性及其对人类之影响的技术。这方面的一项重要发展是保险制度。"③弗朗斯瓦·艾瓦尔认为，"'风险'不过是衍生于保险实践的一个术语，其唯一精确的意义与保险术语有关"④。他同时认为，在现代社会中，人们享有充分的决策自由，其中保险具有决定性的意义，"因为保险使人们免于恐惧"⑤。保

---

① 周志家 著《风险决策与风险管理——基于系统理论的研究》，社会科学文献出版社，2012年版，第3页。
② 周志家 著《风险决策与风险管理——基于系统理论的研究》，社会科学文献出版社，2012年版，第2页。
③ ［英］珍妮·斯蒂尔 著《风险与法律理论》，中国政法大学出版社，2012年版，第203页。
④ ［英］珍妮·斯蒂尔 著《风险与法律理论》，中国政法大学出版社，2012年版，第36页。
⑤ ［英］珍妮·斯蒂尔 著《风险与法律理论》，中国政法大学出版社，2012年版，第37页。

险将风险社会化，并使每个人都成为其中一分子，保险将全部潜在受害者的风险集中起来，从而形成互助组织。"保险将风险变成一种集体性的现实，因为从逻辑上讲，个体只有在集体性的背景下才能被担保——即一种普遍化的风险共同储备金。"①

现代社会借助于概率论、统计以及系统化的测量和控制技术的发展，在评估和管理风险方面正变得越来越成功，其中的一个重要手段是保险。"保险是现代世界经济秩序的核心要素"②，"在一个创造财富、以未来为取向的社会中，社会保险是解决风险的方法"③。

一直到19世纪末期，各种形式的保险才成为社会和经济政策中的一个重要元素。保险产业的发展也是现代性条件下创造社会新秩序的一个重要机制，政府利用保险的技术来保障公民抵御社会和经济的风险，减少社会冲突，并提高经济的绩效。这些保险的措施——包括工人的赔偿金、老年人的养老金、失业保险、家庭补助等，显示的正是米歇尔·福柯所谈论的对于治理的"自由"模式而言是"安全的组织"的重要意义。这一点，也正阐释了弗朗斯瓦·艾瓦尔的一种暗含意思，"即保险机制创设的'互

---

① Culpitt, Ian. Social Policy and Risk. SAGE Publications. 1999, p.58.
② [英]安东尼·吉登斯 著《现代性与自我认同》，生活·读书·新知三联书店，1998年版，第128页。
③ [英]安东尼·吉登斯 著 李惠斌 杨雪冬 译《超越左与右——激进政治的未来》，社会科学文献出版社，2000年版，第141页。

助性'在很大程度上使得个体能够按照自己的意愿进行生活"①。现代保险机制的出现增强了个体的自由。

在一个现代的、自由的社会，保险是一种重要的治理工具，因为它维护着在经济和社会领域中独立行动的自由表现（允许个体性的有关工作、婚姻、生育、买和卖、投资等方面的一系列自由决策），同时，它提供了一张安全网，可以消除一些与这些自由相联系的风险。由于统计规则和概率论的运用，人们可以通过保险而被加以治理，在这一方式中，为个体的自由留有余地的同时又为所有人保证了一种安全和稳定的水平。② 所以，保险与风险治理密切相关，"保险将全部潜在受害者的风险集中起来，从而形成互助组织"③。

社会保险制度的出现，是为了使工业化过程中出现的各种风险和副作用具有可控性，即人们"商定以一种方式把不可预见的后果和预防风险的费用分摊给社会成员，而后再使这种分摊制度化"④。工业革命后，最早的国家事故保险、养老保险制度出现在俾斯麦时期的德意志，并"随着工业资本主义的发展，保险日臻

---

① ［英］珍妮·斯蒂尔 著《风险与法律理论》，中国政法大学出版社，2012年版，第45页。
② Ericson, Richard V. and Doyle, Aaron. ed. Risk and Morality. University of Toronto Press. 2003，p. 60—61.
③ ［英］珍妮·斯蒂尔 著《风险与法律理论》，中国政法大学出版社，2012年版，第38页。
④ ［德］乌尔里希·贝克，约翰内斯·威尔姆斯 著 路国林 译《自由与资本主义》，浙江人民出版社，2001年版，第123页。

完善，几乎涉及到社会行为的所有问题领域"。借此，"工业体系能以此方式处理自己不可预见的未来"。①

通过强制性的保险计划，同样包括对保险公司偿付能力和市场行为的管理和调节，政府也可以适当介入私人保险市场。

（二）保险：风险的分配

1662年以后，风险可以被分配的意识逐渐增强，这可以通过两种途径实现。

第一种模式是英国劳埃德海上保险协会模式：当一次充满风险的航行将要开始时，船主先支付一笔钱给某一辛迪加，即由一群富裕的人组成的财团，如果船只沉没，则该辛迪加偿还船主一笔固定数额的钱以弥补他的损失；如果船只安全返回，则该辛迪加的成员将这笔保险金在他们内部分掉。劳埃德提供的这种模式主要运用于没有太多保险精算经验的情况。如在太空时代刚刚开始的时候，商业性火箭发射的保险金常规性地按整个装备成本的25%投保，坦率地说，这种保险金就是一笔赌注，只有很少数的保险公司希望能够获利，毕竟如果火箭坠落，火箭的发射者无法担负全部的损失。这是没有足够的发射来达到保险精算集合的情

---

① 汪民安 等主编《现代性基本读本》下，河南大学出版社，2005年版，第524—525页。

况，在这里，我们又回到了古老的时代，一个船主为了马六甲海峡的海盗或驶离北非海岸也会为船只投保。

另一种模式是集体模式。这典型地反映在人寿保险、火灾保险以及其他类似的保险中，在其中，一大群有着相似风险的人支付保险金并在他们遭受到实际伤害时获得偿付。我们不能低估正确的保险精算实践的难度，因为它需要大量的数据，这一点到了19世纪中期才实现，当时开始出现了大量的印刷数字。

保险改变了对于风险的理解，集体模式的保险和国家通常是共同行动，尽管有些时候，国家只是商业性保险公司的管理者，但是国家与保险之间的联系远不止这些，国家已经成为主要的风险管理者，有时国家自己就是承保人，就像开始于19世纪中期以后的普鲁士和随后的俾斯麦的德国的社会网络化的保险：失业保险、工人的补偿金、劳工的抵押保险等。

当时德国的社会网络化的保险的出现，部分是出于责任的保守意识和富裕群体对贫困群体的义务，部分是为了维持工人阶级稳定的需要。法国著名的政治哲学家皮埃尔·罗桑瓦隆曾指出：法国大革命的直接后果之一就是风险的分配。1986年，德国社会学家乌尔里希·贝克在《风险社会：通向一种新的现代性》一书中，授予我们社会的现代形态以"风险社会"的称号，而罗桑瓦隆实际上在宣称，早在1800年代风险社会就已经在进行了。

四、现代法治与风险

风险在现代法治社会中扮演了重要角色，它"能促进决策、并使得人类行为可能更加具有责任心"①。现代法治社会的出现，各种法律、法规的出台，其功能是提供并维持社会的信任机制，降低并分配风险。伴随着法定机构和管理框架出现的，是一系列的法案的出台，如消费者权益法、侵权法和产品责任法等，这些法律条文的功能，与其说是发现缺陷和分担指责，不如说是以有效和公平的方式分配风险。在这种对危害的社会责任新的分配方式的背后，是新的责任概念、新的社会群体关系和新的保险技术的出现。所有这些元素，都于19世纪末汇集在一起，以形成一种管理风险的独特的"社会"模式并促进社会团结和社会整合。②现代化进程中产生了基于分工的新的有机团结，而一系列新出台的法律法规，则规定了有机团结中各个分工者的义务和责任。

现代社会，法制的重要性也和社会分化所产生的频繁的交换有关。发生在市场上的经济交换包括商品、劳动力和资本的交

---

① ［英］珍妮·斯蒂尔 著《风险与法律理论》，中国政法大学出版社，2012年版，第4页
② Ericson, Richard V. and Doyle, Aaron. ed. Risk and Morality. University of Toronto Press, 2003, p.61.

换，而工会、政党、社会运动和自愿者组织则调解权力、义务和相关的交换。不同分化单元之间的整个交换模式则由一套复杂的法律系统来进行控制，其功能是协调、处置有关交换和它们价值之间的纠纷。

在现代法治社会，许多情况下，损失的预防、危害的减少和有效的赔偿通过合作的行动和共享的责任而不是个体主义的道德准则，往往更容易达成和实现。于是，"人们可以发现现代民法法案中所出现的一种历史性的转变：从强调过错到强调风险的转变；从强调应受指责的个体到强调风险分摊的法人团体的转变。这是一种试图创造一个更加复合、更加社会的施加义务和责任方法的尝试，也是一种更加适合一个复杂社会系统的方法"[①]。

在现代社会，众多的政治和法律议题都与风险的分配和管理有关。政府应当对它的公民的安全负责，并且管理那些会经常影响他们的风险吗？如果有可能，个体应当管理他们自己的风险——依赖于私人的保险、侵权法案，或只是简单的审慎吗？公司在法律上有责任保证它们的雇员、客户和利益相关者的安全吗？或者市场是一个充分的设计，能够投放消费者所满意的达到相应安全和质量标准的产品吗？如果政府的规制是需要的，那么，什么样的管理制度是最适合的？这些问题形塑了今天众多的

[①] Ericson, Richard V. and Doyle, Aaron. ed. Risk and Morality. University of Toronto Press, 2003, p.63.

政治和法律议题,从环境政策、污染控制到就业法案和福利国家的利益分配。①

同时,现代法律体系与社会的信任体系之间存在着密切的关系,卢曼认为,"信任概念以整体法律为基础,以对他人的普遍依赖为基础;同样,反过来说,因法律提供对风险的限制,各种形式的信任才能产生"②。

反观当前中国社会,社会信任机制的缺失与相关法律、法制的不完善有着很大关系,因为法律系统无法有效提供对一些风险的限制,相关的信任难以产生。"法律安排,为特定的期望提供特定的保证。"③ 在缺乏这一保证的基础上,自然难以产生相关的信任。

---

① Ericson, Richard V. and Doyle, Aaron. ed. Risk and Morality. University of Toronto Press, 2003, p.59.
② [德]尼克拉斯·卢曼 著《信任》,上海世纪出版集团,2005年版,第46页。
③ [德]尼克拉斯·卢曼 著《信任》,上海世纪出版集团,2005年版,第44页。

第六章

现代性的个体层面的风险元素：现代意识 风险意识

关于现代化和现代性的研究有两种主要的模式，一种是强调社会组织的模式，而另一种则更强调文化和思想意识的模式；一种更重视组织和行动的方式，另一种则认为思想和情感具有最重要的意义；一种更关注机构，另一种则更关注个人。① 如果我们强调第二种模式，把现代性定义为一种心理状态，那么，正如罗伯特·贝拉所表达的观点，现代化可以不被看作是"一种政治或经济体系的形式，而是一种精神现象，或一种心态"②。在这个意义上，现代性可以"被界定为个体对周围环境做出反应的方式，一系列以特定方式来行动的性格特征。换句话说，它是一种'气质'或一种'精神'，在某种意义上，就是马克斯·韦伯所说的

---

① ［美］西里尔·X·布莱克 编《比较现代化》，上海译文出版社，1996 年版，第 468 页。
② ［美］西里尔·X·布莱克 编《比较现代化》，上海译文出版社，1996 年版，第 469 页。

<<< 第六章 现代性的个体层面的风险元素：现代意识 风险意识

'资本主义精神'"①。

现代性，意味着城市生活方式成为主流，随着大城市的发展，削弱了传统社区对个体行为的社会控制，个体获得了更大自由。同时，在现代性条件下，人们的预期发生了剧烈变化，预期的变化比经济增长和政治发展进行得更快，大众的需要很快转变为大众的需求，这些需要是几个世纪以来大部分无法满足的，因为数百年来，人们已经习惯了贫困、饥荒和匮乏的资源。而随着现代化的进程，一种心理状态的改变发生了，那些过去被宿命地接受的观念不再被接受了。实际上，经济的增长——即使不足以引起一种可持续增长的进程——也显示出人们有可能提高他们的生活水平和增加用来满足需要的资源。在此背景下，人们把握未来，满足自己需求的意识越来越强烈，而风险意识的普及与日趋强烈正是这一体现。"风险意识，即对未来的不确定性顿时成为广泛存在的人生体验。"②"风险"概念之所以重要，因为它是一种构造现代思维和现代意识的方式。

---

① Waters, Malcolm. Modernity: Critical Concepts. Vol. 2. Routledge, 1999, p. 95.
② [英]安东尼·吉登斯 著 李康 李猛译《社会的构成》，生活·读书·新知三联书店，1998年版，第12页。

一、现代人格与风险意识

由启蒙运动、工业革命和市民社会的出现所启动的现代性力量极大地改变了人们所生活的环境,社会与以前存在的状态出现了质的不同,一个与过去的"断裂"出现了,未来成为了某种可以被创造或被发明的东西,人们的意识和观念由此发生了根本的改变。

"在前现代文化中,过去被赋予荣誉,因为它包含着几代人的经验。"① 古罗马著名政治家西塞罗的经典名言"以史为师",反映了启蒙运动之前的传统社会的人们的观念,即"将历史看成是一个引导人类行动的丰富的事例宝库,并意味着一种人类经验基本上统一不变的观念"。② 而伴随着启蒙运动,随着现代性的开启,由政治、经济和文化事件的聚集所形塑的现代世界已不再是那个我们的祖先借助历史知识就能够看清和预测的世界。"现代世界被认为是一个向未来开放的世界"③,在这一进程中,必须创

---

① [意]艾伯特·马蒂内利著《全球现代化——重思现代性事业》,商务印书馆,2010年版,第153页。
② [意]艾伯特·马蒂内利著《全球现代化——重思现代性事业》,商务印书馆,2010年版,第11页。
③ [意]艾伯特·马蒂内利著《全球现代化——重思现代性事业》,商务印书馆,2010年版,第11页。

第六章 现代性的个体层面的风险元素：现代意识 风险意识

造某些新的知识体系和新的概念，才能由此更好地把握未来。而"风险"概念的引入，就是为了帮助人们拓殖未来和创造未来，在现代性的条件下，借助于"风险"概念，未来被持续不断地拖入现实之中，"风险"概念成为人们把握未来的必不可少的一部分。"风险关涉的是未来所发生的事情。"[①] 要想了解和未来有关的各种不确定因素，必须加强对各种形式的知识的收集、组织和理解，这种推动知识新形式的现代关注源于这样一个认识，即人类需要塑造他们自己的命运，并且以他们可掌握、可支配的信息和知识来这样做。对于知识的现代追求并不特别来自对于知识本身重视的强调，而是来自对于发现能够解决那些明确证明存在的问题的方法的关注。现代性的时间维度反映在观察我们怎样来到我们现在所处的位置，界定我们现在处在哪里，以及当我们迈向未来时，我们行进的方向。应对社会中瞬息万变的环境，对自身出现的改变做出及时反应，以及阐释社会事件的意义，属于现代意识的诸多方面之一。

现代性条件下，"出现了一种新的个性取向，显示于以更大的能力去适应日益宽广的社会范围的种种特征和特性"[②]。这种新的个性取向就是现代人格。美国学者英克尔斯强调，"在任何社

---

① ［英］安东尼·吉登斯 著《现代性与自我认同》，生活·读书·新知三联书店，1998年版，第135页。
② ［美］塞缪尔·亨廷顿等 著《现代化，理论与历史经验的再探讨》，上海译文出版社，1993年版，第31页。

会和任何时代，人都是现代化进程中最基本的因素。只有国民在心理和行为上都发生了转变，形成了现代的人格，现代的政治、经济和文化机构中的行政人员都获得了人格的现代性，这个社会才能称作是真正的现代社会。否则，即使引进了先进的技术、制度和观念，即使发动了经济起飞，也不会有自我持续和长期稳定的经济增长和社会变化"①。

英克尔斯领导的哈佛项目，比较研究了6个发展中国家（阿根廷、智利、印度、以色列、尼日利亚和巴基斯坦），列举了现代人格的分析模式，以下是现代人格最为显著的一些特征：

（1）为变迁和新的经历所做的可能的改革和选择的机会，采取各种潜在的方式：从新农业肥料的采纳到一种新制药的生产；从新交通工具的使用到赞同新婚礼方式或一种新教育方式。

（2）相信自己的能力，能够独自或与他人合作来控制自然的威胁和社会的问题。

（3）关注点放在当下和未来而不是过去。

（4）为了实现公共和私人的目标而预期和组织未来行动的能力。

（5）相信社会生活的规律性和可预见性，相信法律的、经济的和以市场为基础的准则，允许对行为的后果进行评估。

---

① ［美］西里尔·X·布莱克 编《比较现代化》，上海译文出版社，1996年版，译者前言，第14—15页。

（6）强烈相信教育的价值。

（7）尊重他人的价值，包括那些社会地位较低的人。

（8）愿意接受，实际上是积极评价观点上的不同，以及在许多公共性质问题上形成自己判断的能力。

（9）相信报酬分配不应当建立在专横的标准上，而应当建立在考虑到能力和所做贡献的共享的原则之上。

以上现代人格的第（2）点到第（5）点，都和个体创造自己的未来，对未来的不确定性因素进行控制有关：这也是风险的世俗意识的体现，"风险的世俗意识，它内在于计策之中，而这种计策在与未来的关系中必定被采用。"①

同时，这种对未来的关注，"朝向未来"的意识早已被建构进了现代社会制度之中，如现代保险制度，"从很早时起，保险就不仅与资本主义市场中的风险相关联，而且也与广泛的个体和集体特质的潜在未来相关联"。②

二、现代性独特的价值观与风险

"一个现代社会要有效地发挥作用，必须要求公民具备某种

---

① ［英］安东尼·吉登斯 著《现代性与自我认同》，生活·读书·新知三联书店，1998年版，第89页。
② ［英］安东尼·吉登斯 著《现代性与自我认同》，生活·读书·新知三联书店，1998年版，第31页。

品质、态度、价值观念、习惯和意向。"① 即形成现代性独特的价值观,英国人类学家麦克法兰认为,现代性价值观也就是城市生活的价值观,表现为"痴迷于时间、痴迷于算计,痴迷于社会流动"②。

现代性独特的价值观,有个人主义、理性主义和功利主义等。理性主义、个人主义和功利主义的价值观在现代性文化中占有重要地位,它们引导组织、群体和个体的行为并内在化于个性的形成过程中。理性主义相信,理性的力量可以控制和改变自然,它是培育科学和地理大发现以及技术和企业创新的基础。理性主义认为,"自然的、社会的以及心理的现象都受法则的支配,有规律可寻……因此,可以由人类的理性来调节和支配。这种理性的态度便是现代化的实质过程"③。现代人"不同意一切事情都是由命运或者是由人的幻想或某些品质与属性所决定,换句话说,他相信这个在人类控制下由理性规律制约的世界"④。

个人主义在现代性独特的价值观中具有重要意义,麦克法兰认为,现代世界的起源应该归结到英格兰身上,因为"从12世

---

① [美]西里尔·X·布莱克 编《比较现代化》,上海译文出版社,1996年版,第470页。
② [英]艾伦·麦克法兰 著《现代世界的诞生》,世纪出版集团,2013年版,第71页。
③ [美]塞缪尔·亨廷顿等 著《现代化,理论与历史经验的再探讨》,上海译文出版社,1993年版,第29页。
④ [美]西里尔·X·布莱克 编《比较现代化》,上海译文出版社,1996年版,第481页。

<<< 第六章 现代性的个体层面的风险元素：现代意识 风险意识

纪起，英格兰已经具备了现代社会的核心特征，即'经济和法律上的个人主义特征'"①。

"现代性文化的理性主义、个体主义和功利主义价值表达了控制自然以满足人类需要的不懈努力，以及增加选择的自由和最大多数人福利的不懈努力。"② 现代性的价值观，如个人主义、理性主义和功利主义，体现了现代社会中人们的两个主要追求目标：一是自由，二是控制。

由启蒙运动、工业革命和市民社会的出现所启动的现代力量极大地改变了人们所生活的处境，社会与以前的存在状态出现了质的不同，未来变得可以被创造了，现代性文化正是在这种背景下孕育的。现代性文化产生于混乱，18—20世纪的动荡源自启蒙运动和工业革命所引入的巨大社会变迁，在这一进程中，人们一方面在追求自由，这是个人主义的核心内涵；同时另一方面，也在追求可以管理与自由相联系的风险的控制。"实际上，现代性文化是一个背景，在其中，我们演出的是在追寻创造我们未来过程中的一幕自由和控制的戏剧。"③ 可以说，现代性文化是一枚硬币，硬币的正面是"自由"，背面是"控制"，而"风险"概念

---

① "世界现在是英国式的？——英国人类学家为中国列现代清单"，载《南方周末》，2013年10月31日，E21版。
② [意]艾伯特·马蒂内利著《全球现代化——重思现代性事业》，商务印书馆，2010年版，第30页。
③ Arthur G. Neal Sociological perspectives on modernity. Peter Lang Inc. International Academic Publishers, 2007, p. 17—19.

的引入，正是"自由"和"控制"之间的一个平衡点。一方面，自由的代价是"不安全"，"缺乏制约便增加风险"。① 自由意味着更多的不确定性，更多的风险，自由的选择，自由的追求将会使人们面临更多的不确定因素。而另一方面，控制则意味着对这些不确定性和风险的承认、认知、分析，以及在此基础上的一系列应对方法和技术。可以说，"风险概念的到来标志着人类真正向自由迈进，因为风险使人们在即使缺乏知识的情况下也可以依据可靠的信息选择自己的行为，并在某种意义上选择自己的命运。在一定的历史节点之前，这种情况实在是不可想象"②。

随着风险概念的引入，"过去失去了决定现在的权力，它的位置被未来所取代，被某些作为当前行动的原因的非现实的、被发明的和虚构的东西所取代"③。这一点，正如德国社会学家卢曼所明确指出的："风险是一个指向未来的概念。"④ 今天，人们变得积极起来，是为了防止、缓和或预防明天或后天的问题和危机。所以，"风险意识的核心不在于现在，而在于未来"。风险概念的引入，也使得现代社会成为一个设计巧妙的控制社会。"它把针对现代化所造成的不安全因素而提出的控制要求扩展到未来

---

① [英] 珍妮·斯蒂尔 著《风险与法律理论》，中国政法大学出版社，2012年版，第156页。
② [英] 珍妮·斯蒂尔 著《风险与法律理论》，中国政法大学出版社，2012年版，第32页。
③ Beck, Ulrich. Risk Society. SAGE Publication, 1992, p. 34.
④ 周志家 著《风险决策与风险管理——基于系统理论的研究》，社会科学文献出版社，2012年版，第55页。

<<< 第六章 现代性的个体层面的风险元素：现代意识 风险意识

社会。在风险概念的影响下，未来遭到了全面侵蚀。"①

现代性独特的价值观还包括：时间观、计划性。所谓时间观是指："我们将一个人视为是现代的，如果他朝向现在和未来，而不是过去"，"我们将一个人界定为更加现代的，如果他在安排自己的事务时是准时的、有规律的和有秩序的"②。所谓计划性是指："我们认为一个人是更加现代的，如果他倾向于计划和组织事务，并相信计划既是处理公共事务也是处理个人生活的一种方式。"③

现代性的时间观和计划性都体现出了人对于未来的把握和掌控，都包含着对于未来各种不确定性因素的考虑和管理，都与风险因素紧密相关。

风险与某种非现实性相关。在这个基本的意义上，风险既是现实的又是非现实的。一方面，许多危险和损害今天已成为现实，如污染的水源、森林的毁灭、新型的疾病等；另一方面，风险的实际的社会动因存在于未来计划的危险之中，它和预防性的行动之间存在着实际的关联。在对于风险的讨论中，人们所处理的是一种"计划中的变量"，这些变量的现实意义和重要性与它们的不可预测性和它们的威胁性成正比。

---

① [德]乌尔里希·贝克，约翰内斯·威尔姆斯 著 路国林 译《自由与资本主义》，浙江人民出版社，2001年版，第124页。
② Waters, Malcolm. Modernity: Critical Concepts. Vol. 2. Routledge, 1999, p. 99.
③ Waters, Malcolm. Modernity: Critical Concepts. Vol. 2. Routledge, 1999, p. 99.

也许我们并不是处在一个暴露于越来越多或越来越严重的危险之中的"风险社会"。但如果说我们是处在一个"风险社会",那时因为我们开始更多地意识到了自己所冒的风险并且更强烈地致力于测量和管理这些风险,这正是一种现代风险意识。

第七章

现代性的风险

贝克区分了与现代性有关的三种类型的风险，分别是：前现代性的风险、古典现代性的风险和高级现代性的风险。

一、前现代性的风险

前现代性的风险主要源自于物质的匮乏、生产力水平的低下和控制自然能力的低下，相应的，那时的风险主要表现为饥荒、自然灾害、疾病、贫困等。物质的匮乏和生产力水平的低下，使得那时的人们容易受到各种疾病和传染病的侵袭，同时，"所有前现代的社会秩序都会程度激烈地受到变化无常的气候的影响，它们很难抵御诸如洪水、风暴、暴雨或大旱等自然灾害的影响"①。在这个时期,不安全是普遍而持久的,"这些威胁和危险中最极端的就是饥饿、寒冷、传染病和战争"②。

二、古典现代性的风险

古典现代性的风险,就是工业革命后,在工业化、现代化进程中出现的各种风险和副作用,贝克将工业化"也就是说,把从18世纪延伸到20世纪的生产力的发展视为风险的形成过程和对它们的回应过程,即对它们的制度化的回应过程"③。可以说,对于工业化过程中出现的各种风险也即现代化的"副作用"的回应,包括个人意识、社会制度等方面的一系列回应,构成了现代性的重要维度之一。

古典现代性的风险,是在现代化的进程中社会发展所面临的一些关键性的门槛,如城市化、失业与贫困问题、阶级冲突、环境污染等。风险,随着工业时代的开始发生了变化,并且在工业

---

① [英]安东尼·吉登斯 著 田禾 译《现代性的后果》,译林出版社,2000年版,第93页。
② [澳大利亚]狄波拉·勒普顿著《风险》,南京大学出版社,2016年版,第2页。
③ [德]乌尔里希·贝克,约翰内斯·威尔姆斯 著 路国林 译《自由与资本主义》,浙江人民出版社,2001年版,第120页。

发展的过程中，出现了一系列新的风险。工业化和现代化在给人们带来无限机遇和福祉的同时，也带来了更多的新型风险，由现代化和城市化所带来的新的生活方式和就业方式，使人们生活中的不确定性因素和遭遇各种风险的机率大大增加。同时，工业革命所带来的社会化大生产不再以一家一户为单位，劳动者多数离开家庭，走向社会。这时，他们如果遇到失业、疾病、伤残、年老、灾害等风险，就无法再主要依靠家庭或家族来分担他们的风险、保障他们的生活了。在工业化和现代化进程中，个体所面临的这些风险汇集到社会上，便成为大规模的社会风险，对这些社会风险如果不进行有效控制和管理，就会影响社会化大生产，甚至造成整个社会的动荡不安。在这种情况下，与现代化进程相依伴的现代民族国家便承担起了控制、管理这些风险的责任，而这正是现代性的重要体现。

三、高级现代性的风险

（一）高级现代性的风险的特征

高级现代性的风险开始于20世纪七八十年代，也就是伴随着后工业社会的到来而出现的一系列新型风险。

吉登斯认为,"在某些领域和生活方式内,现代性降低了总的风险性;但它同时也导入了一些先前年代所知甚少或者全然无知的新的风险参量"①。一系列不断增长的"人为不确定性",这些"人为不确定性"所带来的风险与现代社会的关系尤为密切,是由经济、科学领域中的人类活动并经由社会的制度化而产生的,"这些风险是人不想要的,却又是人制造的"。②"能够给第一次现代化的风险保险。那种保险是私法的约定","这对第二次现代化的风险已不再起作用了"③。

前现代性和古典现代性的风险——"自然的威胁"(如干旱、地震和洪水)和事故(工伤、火灾)是地方性的——受到时间、空间和地点的限制,如有害的后果可以通过制度化的行动和程序加以削减,而充满"人为不确定性"的高级现代性的风险是全球性的,难以预测和不服从制度化的调控,我们现有的技术和社会制度无法消除这些风险和不确定性。在贝克看来,正是经济、科技系统的进步产生并加剧了而不是减轻了人为风险,正是资本主义科技自身发展的进程产生了各种各样的潜在危险,典型的例子有生态环境危害、核武器和化学武器的危机以及全球金融危机,

---

① [英]安东尼·吉登斯 著《现代性与自我认同》,生活·读书·新知三联书店,1998年版,第4页。
② [英]彼得·泰勒-顾柏等 编著《社会科学中的风险研究》,中国劳动社会保障出版社,2010年版,第187页。
③ [德]乌尔里希·贝克,约翰内斯·威尔姆斯 著 路国林 译《自由与资本主义》,浙江人民出版社,2001年版,第147页。

在"风险社会"的世界中,"人造风险"取代了威胁,无论是在社会后果还是在政治焦点上,现代化变成了一个"它自己的问题",这也使得"风险社会"成为一个独特的"自我批判"的社会,风险既对传统社会向现代社会的变迁产生了深刻影响,也对现代社会的转型有很大的影响。

贝克认为,包括生态风险、核风险在内的这些高级现代性中的新型风险具有一种"飞去来器效应",它们迟早也会冲击那些生产风险或从风险中获利的人们,风险"潜在的副作用"反过来打击的正是生产它的中心。生态灾难和核辐射是不会顾及民族国家边界的,即使是那些最富裕和最有实力的国家也不能不受到这些风险的威胁。现代化风险的生产遵循着"飞去来器"的曲线。例如,获得数十亿元津贴补助的集约化的工业式农业,不仅仅导致遥远城市中儿童体内的铅含量上升,它同时也削弱了农业生产自身的自然基础,土地的肥力在下降,极重要的动植物资源在减少,土地荒漠化的威胁在加大。在现代化的屋檐下,风险的制造者和牺牲者迟早都会变得同一起来,其中不难想象的例子就是世界核战争。很明显,在全球性的风险面前,"地球已经变成了一个不再承认贫富之间、黑白之间、南北之间和东西之间有任何区别的弹射座椅。但是这种结果只有当它发生时才存在,而当它发生时，它又不存在，因为没有任何东西会再存在"①。

贝克认为，风险会导致生态的贬值和被剥夺。风险的"飞去来器效应"同样也会影响媒体、货币、财产和合法性。它以一种大规模的、平均主义的方式损害任何人。森林的毁灭不仅仅导致鸟的种类的减少，同样也会引起土地和森林资产的经济价值的贬值；在核电站或燃煤发电站被建设或规划的地方，土地价格也会下跌。在生态贬值的例子中，即使是法律上的所有权被维护了，资产也将变得没有用和没有价值了。在这里，出现了"一种社会和经济价值的被剥夺而法律上的所有权依旧"的情况。

污染、有毒废弃物、核泄漏等将良田变成了荒漠，将房地产变成了垃圾场，被污染海域中的鱼危害的不仅仅是那些吃它的人，它同样也会威胁许多靠捕鱼为生的人的生计。在烟雾的严重污染期间，甚至是污染工业自身的生产车轮也被迫停止了。烟雾对污染者偿付的原则毫不在乎，在一个大规模的平均主义的基础上，烟雾打击每一个人，不管每个个体在生产烟雾中所占的份额。

高级现代性中所产生出来的风险完全躲避了人类的感觉能力，这其中包括空气、水源、食品中的毒素和污染物，以及相伴随的对植物、动物和人类的短期和长期的影响，它们导致了系统

---

① Beck, Ulrich. Risk Society. SAGE Publication, 1992, p. 38.

性的并且是不可逆的危害。这些危害普遍是无形的，只能建立在因果关系解释的基础之上。

高级现代性中的生态风险和破坏性后果不会对民族国家的边界有任何尊重，"它们将巴伐利亚森林中一片草叶的生命最终与有效的国际反污染协定联系在一起"①。这意味着，污染运动的超民族国家性再也不能由单个民族国家的努力来加以解决。同时，新的国际不平等正在出现，首先是在第三世界和发达工业国家之间，其次是在发达工业国家自己之间，在"污染国"和那些不得不以不断增加的生态贬值和剥夺来消除、吸入或赔付其他国家污染的国家之间。全球性的现代化风险削弱了国家的管辖权限。

世界范围内风险地位的平等化并不能遮盖这样一个事实：在风险所造成的危害和痛苦范围内，出现了新的社会不平等性。在全球范围内，全球风险社会中的无产阶级和劳动人民居住在第三世界的工业中心的高大烟囱下，居住在精炼厂和化学制剂厂旁。具有严重危害性的高风险产业已经通过全球化被转移到了众多第三世界的低收入国家，这并不是偶然现象。"在极度的贫困和极度的风险之间有一种系统性的相互'吸引力'，在风险被分配的调度总站，通向欠发达地区的铁路支线的站台总是特别受到青睐。"② 许多证据表明，欠发达地区的人口对于能创造就业机会的

---

① Beck, Ulrich. Risk Society. SAGE Publication, 1992, p. 40.
② Beck, Ulrich. Risk Society. SAGE Publication, 1992, p. 41.

"新技术"所带来的风险有较高的接受性。

贝克敏锐地意识到，在整个国际范围内，物质的贫困与对风险潜在危害的漠视是一致和并存的，这是千真万确的事实。对于那些欠发达地区的人们来说，他们所生产的化肥、农药和除莠剂首先意味着"摆脱物质匮乏的解放"，这是实施"绿色革命"的必要条件。在过去十几年间，由西方工业国家系统支持的"绿色革命"将全球粮食产量提高了近30%，在一些亚洲和拉美国家，甚至达到了40%。在这些可以看到的巨大成功面前，一些事实——每年有成千上万吨的杀虫剂和农药被喷洒到棉花地、水稻田、烟草和水果的种植园里——则被人们忽略了。在饥饿所带来的看得见的死亡威胁和有毒化学工业所带来的看不见的死亡威胁的二者竞争中，明显是反对物质匮乏的斗争取得了胜利。没有化学农药的广泛使用，田野将会荒芜，大量的昆虫和杂草将会吞噬一切。通过发展化学工业，边缘地区的贫困国家可以建立起自己的粮食供应基地，并能从工业世界的权力中心获得一点点的独立和自由。第三世界国家化学工业的引进和建立，加强了他们生产上的独立性和不过分依赖于昂贵的国外进口。贝克察觉到，贫困的第三世界国家反对饥饿和争取自治的斗争，为高风险产业的引入和发展构筑了一道保护墙，在这道墙后，风险所带来的潜在危害被压制了、最小化了。正因为如此，这些危害通过全球性的食物链被逐渐放大、传播并最终又回到了向外转移高风险产业的富

<<< 第七章 现代性的风险

裕的工业国家。

第三世界国家遭受的风险危害对于富裕的发达国家是有传染性的。"风险的繁殖使整个全球社会成为一个危险的社区。"① "飞去来器效应"打击的恰恰是那些试图通过把各种风险转嫁到海外来消除风险危害的富裕国家。国际不平等和世界市场的相互紧密联系将处在外围边缘地区的贫困邻居又移到了富裕的工业中心的门阶下。他们不得不进口廉价的食品,"在这里,杀虫剂通过水果、可可豆和茶叶等又回到了它们的高度工业化的故乡"②。

伴随着为了战争或福利目的而产生的高风险工业的全球化,新型的、人为产生的、不可计算的风险正在全球范围内扩张。高速发展的原子和化学生产力削弱了以往人们据以思考和行动的基础和范式,如时空界限、民族国家或大陆的边界。在这个意义上,"风险社会"是一个全球性的风险社会,其中,无法预知的和非预期的后果开始成为历史和社会中的一种支配性力量。

在贝克看来,西方发达世界今天的现代化进程正在瓦解工业革命以来的工业社会,并创造了一个新的现代性,但这一新的现代性有不同的称呼,如"后现代性""第二现代性""高级现代性"等。关于这一种现代性即"第二种形式"的现代性与第一次现代性的区别,贝克指出:"第一次现代性是现代的、工业化的、

---

① Beck, Ulrich. Risk Society. SAGE Publication, 1992, p.44.
② Beck, Ulrich. Risk Society. SAGE Publication, 1992, p.44.

国家的，在其中，社会要求风险是可计算的、服从管理的；第二种形式的现代性是后工业、后风险计算、后国家的，在其中，存在一种风险失控的内在倾向。"① 高级现代性的风险，是新的不确定性因素，它"解构了机构权威的合法性，腐蚀了科学的合理性，产生了对技术的不信任，并对未来滋生了根本性的怀疑"②。在高级现代性阶段里，"社会、政治、经济和个人的风险往往会越来越多地避开工业社会中的监督制度和保护制度"③。同时在这个阶段，"社会是如此复杂，以至于所有致力于控制的努力都会产生一系列无法预见的效果，并因此暗含着新的风险"④。

吉登斯认为，现代文明过于依赖于控制的扩张。在现代性条件下，自然开始受到人类行为的彻底改造。而在高级现代性条件下，一个关键的反思性维度就是，我们不能再把自然问题视为可以通过工具性的控制而在进步中加以解决的了。换句话说，自然被"人化"，自然与人类之间的界限变得混浊，而显示在不断进步的科技中的对于自然的控制和支配力，正产生新的威胁和风险。

---

① [英] 戴维·赫尔德等 著 谢来辉 译《气候变化的治理：科学、经济学、政治学与伦理学》，社会科学文献出版社，2012年版，第137—138页。
② [英] 戴维·赫尔德等 著 谢来辉 译《气候变化的治理：科学、经济学、政治学与伦理学》，社会科学文献出版社，2012年版，第138页。
③ [德] 乌尔里希·贝克 等 著《自反性现代化》，商务印书馆，2001年版，第9页。
④ 周志家 著《风险决策与风险管理——基于系统理论的研究》，社会科学文献出版社，2012年版，第68页。

尽管现代科学和技术使得对于包括疾病、洪灾、虫灾等在内的自然危险的大规模控制成为可能，但在高级现代性中，新的"不确定性"出现了。如全球变暖就是这种"不确定性"的一个典型，它不是源于严酷的自然，而是源于工业社会的非预料中的后果。

吉登斯认为，我们今天正面临着高风险的后果，这是以往的风险评估几乎不可能预测的。人类对于通过科学和技术控制自然的能力越来越缺乏信心，新的"不确定性"现在正来自我们对于自然世界的改变。

（二）"风险社会"的来临

随着科学技术的高速发展以及经济全球化的迅猛推进，人类社会进入了一种"高级现代性"阶段，以往"常态"社会的观点已经日益不能符合社会的实际情况，人们不得不正视世界已开始进入"风险社会"这一事实。在"风险社会"中，风险作为现代化的附属产品，成为支配人们行为的重要逻辑。应对各类社会风险开始成为社会最关注、最重要、最复杂的工作，这正如贝克的宣称的："风险已经取代了阶级和其他的经济和社会变量而成为现代生活中最根本的组织力量。"①

贝克从以下几个方面阐释了"风险社会"的特征。"风险社会"的概念不同于马克思或韦伯意义上的"阶级社会"或"工业社会"的概念,"阶级社会"概念围绕的一个中心论题是:"社会性地生产出来的财富是怎样以一种社会性的不平等但同样也是'合法'的方式被分配的?"而"风险社会"概念的核心论题是:伴随着现代化进程而系统性地生产出来的风险和危害怎样才能被避免、最小化或加以引导?所以,人类不仅要关注怎样从传统的约束(贫困、疾病等)中释放出来,更要积极关注那些由技术和经济发展本身所产生的问题和消极影响,从这一点看,"现代化开始变得具有反思性了,它正在成为它自己的主题"②。

长久以来,"贫困的风险""健康的风险"等一直都是社会冲突、社会保障等领域中的主题。工业革命后,在现代化的进程中,人们经过相当长时期的斗争和努力,才建立起了现代社会福利国家的准则和标准,并从政治上来努力缩减或限制这一系列风险,而这些也构成了现代性的重要维度。而现在,生态的和高科技的风险开始越来越多地困扰着人类社会,这些风险具有新的特性,并成为未来人们所关注的焦点。

---

① Richter, Ingo K. Berking, Sabine. and Muller‑Schmid, Ralf ed. Risk Society and the Culture of Precaution. Palgrave Macmillan, 2006, p. 32.

② Beck, Ulrich. Risk Society. SAGE Publication, 1992, p. 19.

风险作为一个普遍社会景象的嵌入,宣布了一个从需要的共性到焦虑的共性的转向,与声明"我饿"的表达不同,风险社会是由格言"我怕"来定义的。作为无法处理或减轻这种担忧的一个直接后果,专家系统失去了控制,公众对于制度结构的信任降低了。在此阶段,作为古典现代性特征的"对'有益物品'(比如财产、收入和工作)的分配冲突已经让位于对'有害物品'的分配冲突,比如核技术、基因研究的风险及对环境的威胁"[①]。

在前现代性风险、古典现代性风险、高级现代性风险三种不同的风险环境中,对应着三种视阈中的不同风险意识:

(1) 传统性(前现代性风险):注重历史,没有"风险"概念;

(2) 现代性(古典现代性风险):"风险"概念的出现,以未来为导向,借助"风险"概念和风险意识,强调对环境的控制,对未来的控制;

(3) 高级现代性/全球性(高级现代性风险):更多的"人造风险","风险"的不可控性增强,对"风险"的反思性。

---

① [意] 艾伯特·马蒂内利著《全球现代化——重思现代性事业》,商务印书馆,2010年版,第156页。

四、全球化对现代性的挑战

（一）现代化、现代性与全球化、全球性

20世纪80年代开始加速发展的全球化进程与现代化进程之间是一种延续关系还是呈现出了某种断裂关系，这是当前学术界关注的热点。本书认为，由于当前阶段的全球化还主要表现为资本主义经济的全球扩张，所以就全球化的目前阶段而言，很大程度上是现代化的全球延伸和扩展过程。但同时，由于全球化与现代化之间存在着参与主体的不同、塑造的认同模式不同、对个体生活层面产生的实质性影响不同等诸多差异，因此，随着全球化进程的不断深入，全球化将会开辟一种新的社会图景，它将使建立在民族国家基础上的现代性的范式受到挑战，一种崭新的全球性将进入人类社会的视野。

早期经典社会学家迪尔凯姆、腾尼斯、韦伯等致力于研究人类社会伴随着工业革命从传统社会向现代社会的变迁，在此基础上产生了社会学意义上的现代化理论。在他们看来，工业革命后逐步形成的现代社会与传统社会之间存在着明显的断裂，而他们

往往用二分法的理想类型方式来描述这种断裂，如迪尔凯姆的机械团结与有机团结就分别指传统社会与现代社会的整合方式，此外还有腾尼斯的共同体与社会、贝克的神圣社会与世俗社会等。

　　稍加注意，我们会发现，现代化、现代性理论一向都是围绕着民族国家这个中轴运转的。这有两方面的原因：首先，现代化的实践是由民族国家作为主要的担纲者来进行的；其次，社会学乃至整个社会科学是伴随着近代民族国家的兴起而诞生的。按照早期社会科学家们的假定，"人类生活必须要通过一组空间结构来加以组织，而这些空间结构便是共同界定世界政治地图的主权领土。几乎所有的社会科学家都认为，这些政治疆界确定了其他关键的互动领域——如社会学家眼里的社会、宏观经济学家眼里的国民经济、政治学家眼里的国家、史学家眼里的民族——的空间参数。……在这个意义上，社会科学即使不是国家的造物，至少在很大程度上也是由国家一手提携起来的，它要以国家的疆界来作为最重要的社会容器"①。

　　由于"民族—国家是拥有边界的权力集装器，是现代时期最为杰出的权力集装器"②，现代化的主要担纲者是民族国家，现代化具体都是各民族国家在领土范围内进行的一种历史实践过程，

---

① ［美］华勒斯坦 等著《开放社会科学》，生活·读书·新知三联书店，1997年版，第28页。
② ［英］安东尼·吉登斯 著 胡宗泽 赵力涛 译《民族—国家与暴力》，生活·读书·新知三联书店，1998年版，第145页。

民族国家是现代性的载体,所以,蒂普斯认为,现代化在理论方面基本上是属于民族国家转变的理论,占有某个疆域的民族国家才在现代化理论上具有至关重要的意义。①

可见,现代化、现代性——无论是作为一个具体的历史实践过程和体现这一实践过程的特征,还是作为一门学科理论,都是以民族国家社会这样一个空间结构为基本单位来进行和发展的。

20世纪后期,"全球化"逐渐成为各个阶层最为流行的话语,全球化现象从物质上到观念上全面而深刻地影响着、改变着包括个人、民族、国家以及各种组织在内的社会能动者乃至整个社会结构。社会科学界,包括政治学、经济学、社会学以及国际关系学等,开始越来越关注对于全球化这一社会进程的研究。不同的学科从不同的角度来构想全球化:在经济学中,全球化指经济的国际化和资本主义市场关系的传播;在国际关系领域,对全球化的关注集中在不断增强的国家间关系的密度和全球性政治的发展;在社会学界,关注点在不断增加的世界范围的社会关系的强化和一个"全球社会"(Global Society)的出现;

其中,在社会学领域,有关全球化的理论中逐渐形成了两个阵营。一派认为,全球化是完全不同于现代化的一个崭新的人类社会进程,全球化与现代化之间、全球性与现代性之间存在着明

---

① [美]西里尔·X·布莱克 编《比较现代化》,上海译文出版社,1996年版,第97页。

显的断裂，就如同现代化所创造出的现代性与传统性之间、现代社会与传统社会之间的鲜明的二元对立。另一派认为，全球化不过是现代化的进一步延伸和扩展，是现代性向全球扩展的过程。"全球化是现代性最显著的后果之一，并重塑了现代性事业。"①持后一种观点的代表人物是英国社会学大师安东尼·吉登斯，他把全球化看作是现代性向全球扩张的过程，认为人类社会当前正在进入这样一个阶段，"在其中现代性的后果比从前任何一个时期都更加剧烈化更加普遍化了。"在他看来，现代性有四个基本的制度特征，分别是社会监控、社会资本主义、工业主义和军事力量。② 而全球化也有四个维度，分别是民族国家体系、世界资本主义经济、国际劳动分工和世界军事秩序。③ 这一四维形象实际上是现代性的制度性维度移植到全球场景的结果，具体来说，即社会监控变成民族国家体系，社会资本主义变成世界资本主义，社会军事力量变成世界军事秩序，社会工业主义变成国际劳动分工。正如他自己所言："现代性正在内在地经历着全球化的过程。"④ 现代性的根本性后果之一是全球化，全球化本质上是指

---

① [意]艾伯特·马蒂内利著《全球现代化——重思现代性事业》，商务印书馆，2010年版，第158页。
② [英]安东尼·吉登斯 著 田禾 译《现代性的后果》，译林出版社，2000年版，第52页。
③ [英]安东尼·吉登斯 著 田禾 译《现代性的后果》，译林出版社，2000年版，第62页。
④ [英]安东尼·吉登斯 著 田禾 译《现代性的后果》，译林出版社，2000年版，第56页。

现代性的全球延伸过程。

持前一种观点的代表人物是马丁·阿尔布劳,在《告别民族国家》一书中,他认为,全球化与现代化之间存在着某种断裂,全球时代是一个非现代的时代,因为在他看来,社会的现代性同民族国家、理性(马克斯·韦伯所说的)和功能分化(塔尔科特·帕森斯、尼克拉斯·卢曼所说的)密切相关,并且正在走向终结。因此,奥尔布劳把时代断裂的理论彻底化,并在此背景下提出了社会领域的非领土化概念的建议,上述设想提出了社会行动和社会状况("社会领域")的后国家的、后领土化的基本观念。由此可以认为,以领土来界定的社会领域的时代现象,曾在长达两个世纪的时间里,在各个方面吸引并鼓舞了政治、社会和科学的想象力,如今这种时代形象正在走向解体。①

全球化与现代化之间是一种延续还是一种断裂?全球化是否创造出了一种不同于现代性所呈现的崭新的人类生活方式和社会图景?在此,有必要将现代化与全球化做一个认真的比较。首先,我们认为,就全球化的目前阶段而言,很大程度上是现代化的全球延伸和扩展过程,这是因为当前阶段的全球化主要表现为资本主义经济的全球扩张,"论述全球化,就是回顾资本主义这种经济体制对世界空间的主宰"。这种主宰"不只是一个国家集

---

① [德] 乌·贝克、哈贝马斯 等著《全球化与政治》,中央编译出版社,2000年版,第6—14页。

团对另一个国家集团的胜利,也不只是一种生产模式对其他竞争对手的胜利,它力图超越一切国家间体制的理念并以跨国网络的理念取而代之,资本主义在空间进行的拓展已经遍及世界的各个角落,而全球化既是这一空间拓展的表现,也是并且首先是一个改变、调整以至最后消除各国之间各种自然的和人为的疆界的过程。这种疆界是资本主义进行世界规模积累的障碍"。① 现代化是一个缘起于西方的现象,它与工业化和近现代资本主义的发展密切相关,而全球化,不管其当前进程的主题是集中在资本主义还是现代性,它都是开始于西方,重复了与西方中心主义有关的所有问题。西方国家利用其长期积累的先发优势,把既有的等级结构和不平等关系带入新的全球体系中,广大的第三世界只能被动地接受。因此,考林·海认为,居于支配地位的全球化话语显然只是一种西方常识,只有有限的西方个人拥有这种话语,它把一个"萎缩世界"(西方)的经验提升为全球经验,"虽然世界也许确实全球化了,但是某些人的经验显然比其他人的更加全球化"。② 全球化是一个过程,但当前阶段的全球化明显是一个由西方垄断的过程。对此,有些学者认为,全球化实际上是以另一个名称出现的关于现代化或西方化的理论。现代化理论曾是社会学

---

① [法] 雅克·阿达 著《经济全球化》,中央编译出版社,2000年版,第3—4页
② [英] 戴维·赫尔德 等著《全球大变革》,社会科学文献出版社,2001年版,译序第11页。

和社会发展理论中的一个以往的重要理论平台，现在它在全球化的名称下又开始东山再起，20世纪五六十年代的一些理论观点又在"全球性"这样一个巨大的伞盖下重新拜访。

然而，也应当意识到，随着全球化进程的不断深入与发展，随着西方中心化下的多样化过程逐渐演变成一个真正多样化共存的过程，全球化这一客观社会进程必将会对人类的生活方式和整个社会图景产生重大影响，创造出一个与"现代性"不同的"全球性"。

首先，从参与的主体来看，现代化的参与主体主要是现代民族国家，现代民族国家是现代化的担纲者，而全球化的参与主体是多元的，尽管民族国家仍然理所应当地是其中强有力的行动者，但是，它们现在也必须和一大群其他的机构和组织共享全球竞技舞台。民族国家受到无数的跨越不同的空间范围的政府间组织、国际机构和体制的挑战，同时还不得不面对一些超国家机构（如欧盟）。许多非国家主体或超国家实体，如大型跨国公司（如果说民族国家是全球政治秩序中的重要"行动者"，那么，跨国公司就是当今全球经济中的主要能动者）、宗教组织、跨国压力集团、跨国职业协会、社会运动等，也都紧密地参与了全球化。所以，从参与的主体来看，全球化可以被视为是一种多元政治的"混合主体体系"。正因为参与的主体不同，所以，在现代化的实践中，民族国家作为现代化的担纲者在现代化的进程中，能够进行有效的领土范围内的社会动员。而在全球化进程中，国家已很难完全控制发生在自己领土边界之内的事情，从生态系统到金融系统，复杂的全球系统把相距遥远的共同体的命运紧密联系在一起。在这种背景下，应当意识到，一贯被视为现代性首要定界标志的民族国家疆界，在全球化迅猛推进的时代正不断遇到挑战。

其次，全球化也正在改变由现代化所塑造的人们的认同模式。现代化进程中，现代民族国家成功地动员人力和非人力资源达到相当的程度，使得原来各种分立的地方主义被削弱了。"臣民"开始变成了"公民"，人们更广泛地参与民族国家事务的气氛逐渐形成。而与此相适应，人们逐渐地将他们原先对地区性的传统社区的忠诚转向对民族国家这样一个"虚拟共同体"。而全球化正在改变人们建立在民族国家框架内的认同模式。全球化也意味着全球主义与地方主义并行，这种全球化与本土化的互动，使得当今时代既有人呼吁制定超越民族国家权限的跨国人权标准，或本土居民为了当地的需要从跨国网络中寻求支持，又有各种本土性的种族认同政治和各种宗教复兴运动的高涨。全球化进程中，"认同模式变得越来越复杂，因为人们既维护着地方性的忠诚，但同时又想分享全球性的价值和生活方式"[①]。全球化既能产生一致化的力量，又能产生碎片化的力量；既能产生一种普遍

---

① Featherstone, Mike. et al. (ed.) Global Modernities. SAGE Publication, 1995, p.49.

认同的意识，也能产生某种特殊主义的意识。近些年来，包括苏格兰民族运动、加泰罗尼亚独立事件等一系列地方族裔认同的复兴运动，可以说，正源于全球化所带来的冲击，全球化带来了时间与空间的不断压缩，经济上相互依赖的增强、各种生产要素流动的加快、社会流动的增加，使得越来越多的人被抛进了脆弱不安的全球劳动力市场。"巨大的经济变迁和人口流动带来的结果使许多人感到十分脆弱，处境危险。""随着世界一体化程度不断加深，越来越多的无根之人会在他们熟悉的种族联系与文化传统中寻求庇护。"① 他们只能在传统语言、族裔联系中寻找安慰。

再次，全球化推动、促进了全球范围的社会交往，对个体的生活层面产生了实质性的影响。全球化进程中，每个人在某种意义上都是全球的能动者，个人人生层面上的全球化正在不断成型，"我们同跨越各个分裂的世界的许多地区'通婚'"②。在各个大陆、各种文化、各种宗教、第三世界与第一世界之间的高强度、高广度、高速度的交流与冲突中，个人生活无法再封闭。在全球化时代，个人生活意味着一种无定居的生活，人们既在那里，又不在那里，包括因特网在内的先进的技术手段将使人们能够随时随地地与全球社会的任何领域进行沟通和交换。人生的多

---

① 安东尼·D. 史密斯 著《全球化时代的民族与民族主义》，中央编译出版社，2002 年版，中文版序，第 2 页。
② ［德］乌尔里希·贝克，哈贝马斯 等著《全球化与政治》，中央编译出版社，2000 年版，第 52 页。

地域、个人生活的跨国特征可以用"一人多地制"来概括。"迄今为止，人们总是把社区、家庭、朋友或其他各种能够感受得到的共同体与地域联系起来，而现在我们却日益生活在这样一种状况中，即不能再说我们所经历的共同体存在于某个地方。相反，我们所处的地方未必与共同体有关。我们可以完全游离式地共存，但同时又是不受地域局限的网络的成员。"①

随着个人生活层面的日益全球化，随着领土国家的确定性和同一性走向非现实性，人们所体验的全球社会的多样性和现实性日益显著，每个个人就愈加有成为"世界公民"的可能性。在现代性中，国民是领土国家的公民，他们的权利和义务与领土相关，而与生活在"一人多地"环境中的世界公民相对应的是无中心的全球社会。尽管每个公民对全球社会都有不同看法，但为了实现全球的福利目标和价值，只要每个人在行动时顾及涵盖整个世界的利益（如保护全球生态环境），那么像"全球社会"这样的事物就会出现。哈贝马斯曾经论述过："我们看到那种已经成为欧洲统一进程瓶颈的欠缺，即缺乏对世界公民互助意识的培育。世界公民互助的约束力显然弱于在各民族国家内部近一两个世纪所发展起来的国家公民互助。然而，为什么那种伟大的、在历史上曾成功地使地方意识和王朝意识上升为国家意识和民主意

---

① [德]乌尔里希·贝克，哈贝马斯 等著《全球化与政治》，中央编译出版社，2000年版，第52页。

识的抽象力不能被继续发扬光大呢?"①全球社会的形成,其关键的前提条件是世界公民意识的培育,这将是一个漫长而渐进的过程。

可以预见,全球化的结果之一将是促成一个"全球社会"的出现,正如阿尔布劳所言,全球化"指所有那些有关世界上的人们被结合到一个单一的世界社会即全球社会中的进程"。在这样的全球社会中,组织模式是多元的,以往民族国家在组织模式上所具有的垄断性地位被打破;社会交换的空间是全球范围的,个人的生活层面也是真正全球性的。这些将使人们的思想观念、思维模式发生重大变革。以往,现代化或现代性的范畴和理论在相当大的程度上含有领土倾向,如果要想理解诸如民族、国家、文化、社会、制度、阶级、公民等观念,首先要理解它们所包含的内容,如领土主权、内部外部、国家的统治地位与文化的同质性的相互作用。②而全球化所导致的社会领域的时空确定性由于洲际的交互作用形式和关系模式而松动,这将会产生一种新的"社会"概念、图景。全球化在更大程度上开辟了一种新的社会图景,这种社会图景不以民族国家和领土来界定。因此,建立在民族国家基础上的现代化和现代性的范式将受到挑战,一种崭新的

---

① [德] 乌尔里希·贝克,哈贝马斯 等著《全球化与政治》,中央编译出版社,2000年版,第83页。
② [德] 乌尔里希·贝克,哈贝马斯 等著《全球化与政治》,中央编译出版社,2000年版,第8页。

"全球性"将进入人类社会的视野。

(二) 全球"风险社会"对现代性的挑战

全球化时代的风险已经超越了任何一个单一民族国家的疆界，曾经是现代性在制度上重要体现的以现代民族国家为基础的社会风险管理、控制机制受到了极大的挑战。

回顾人类社会对于风险进行控制和管理的制度演变。可以发现，在工业化之前的前现代社会，当时的风险环境主要源于物质的匮乏、自然环境的恶劣和控制自然的技术的低下，那时人们所面临的主要是疾病、贫困、年老、饥馑、灾荒等与自然界和物质世界相关联的风险。在漫长的前现代社会的自然经济条件下，对于社会个体所遭受的风险进行救助的群体或组织主要是家庭、以宗教为核心的慈善组织和地方性的社区组织。

随着工业化的萌芽，现代化进程的开始，人类社会逐渐进入社会化大生产后，伴随着自然经济的瓦解和商品经济的发展，以往主要依靠家庭、地方性社区、慈善组织和教会来提供社会救助、分担风险的方式遇到了极大的挑战。

一方面，与长期的自然经济环境相比，工业革命所带来的社会化大生产不再以一家一户为单位，劳动者多数离开家庭，走向社会。这时，如果他们遇到失业、疾病、伤残、年老、灾害等风险,就无法再主要依靠家庭来分担他们的风险、保障他们的生活了。其次,工业化和现代化在给人们带来无限机遇和福祉的同时,也带来了更多的新型风险,由现代化和城市化所带来的新的生活方式和就业方式,使人们生活中的不确定性因素和遭遇各种风险的机率大大增加。所以,在工业化和现代化进程中,个体所面临的这些风险汇集到社会上,便成为大规模的社会风险,如果不对这些风险进行控制和管理,就会影响社会化大生产,甚至造成整个社会的动荡不安。

另一方面,传统的地方性社区或宗教慈善组织在工业化和城市化所带来的人口流动日趋频繁、各种工业化的新型风险不断涌现的情况下,已无力满足进一步提供社会救助、分摊并控制风险的需求。在这种情况下,与现代化进程相依伴的、在18世纪末19世纪初开始成型的现代民族国家便承担起了控制、管理风险的责任,而这也正是现代性的一种体现。

"众所周知,由民族国家做出的对紧随工业生产而来的社会转型的反应,就是把问题本土化。也就是说,把种种世界性的力量和由失控的社会带来的种种威胁都变成民族国家范围之内的问题。"[①] 正是在这种思想的引导下,现代民族国家建立起了领土范围内的风险管理制度。

---

① [英]马丁·阿尔布劳 著《全球时代:超越现代性之外的国家和社会》,商务印书馆,2001年版,第73页。

第七章 现代性的风险

当代的全球化正在重组或者重新调整民族国家政府的功能、权力以及权威。全球化将每一个国家的发展轨迹比以往任何时候都更为紧密地缠绕在一起,"国家也不再能够完全控制发生在自己领土边界之内的事情,从金融系统到生态系统,复杂的全球系统把相距遥远的社群命运联系在一起"①。在这样的背景下,以民族国家为主体的风险管理制度面临着诸多的困境和极大的挑战。

从20世纪80年代末开始加速的全球化进程给整个社会大系统中的金融、经济、社会、文化等子系统带来了冲击并形成风险,而由于金融、经济、社会、文化等子系统对整个社会大系统的依赖,因此任何一个领域内的风险都会影响整个社会,带来社会冲突和社会动荡,转换为社会风险。在全球化进程中,这些子系统的风险以及对整个社会的波及和影响所形成的社会风险确实存在,并且已经发生或者正在发生。同时,全球化促进了全球范围内社会关系的强化和相互依赖性的加大,使得各种社会风险的不确定性、广泛性、流动性和传导性也在增大。在此背景下,一个国家或地区出现的风险具有很强的传导性,全球化带来了风险全球化的趋势,并给传统上建立在民族国家基础上的社会风险管理机制带来了极大挑战。其中,全球化所带来的风险主要有失业的风险、贫富分化加剧的风险、生态风险等。

---

① [英]戴维·赫尔德 等著《全球大变革》,社会科学文献出版社,2001年版,第12页。

1. 全球化进程中失业的风险

经济全球化使大多数非熟练工人面临失业风险；全球化促进了各国之间关于"经济基地"的竞争，各国纷纷采取紧缩政策，导致失业率上升；经济全球化使发展中国家的劳动力市场更加脆弱。全球化对民族国家管理失业风险带来了挑战，它使民族国家推行凯恩斯主义政策所需要的良好国际环境消失了。

经济全球化给世界劳动力市场和就业状况带来了极大的影响。1995年世界发展报告就曾以"一体化世界中劳动者的机遇和风险"为题，对这一现象进行过论述："世纪之交的今天，市场化改革和国际经济一体化，已经成为不可逆转的历史潮流。报告因此称今天为'全球经济的革命时代'，1973年，全球劳动力的1/3尚生活于中央计划经济国家，1/3生活在实行保护主义、与国外几乎没有联系的国家；而至2000年，市场化、全球化趋势将使90%以上的劳动者生活在以市场为基础，与全球经济一体化的国家。在这样一种具有深远意义变革的环境中，劳动者就业和收入将受到全球性竞争的强烈影响。这一切，为今天的27亿劳动者（1995年数据）带来了新的机会和新的风险。"[①]

全球化不仅给劳动力市场带来了新的风险，而且值得关注的是，全球化进程中，各民族国家应对失业风险的社会保障功能也

[①] 程瀚兰 等编著《世界银行发展报告20年回顾》（1978—1997），中国经济出版社，1999年版，第37页。

在弱化。根据国际劳工组织2000年公布的一份报告称,在全世界1.5亿失业人员当中,有75%的人没有失业保险的保障,撒哈拉沙漠以南地区的情况尤其严重,在那里,有90%的工人没有社会福利的保障。同时,报告也指出,即使在世界上最富有的国家,如欧洲和北美的一些国家,也在不断降低对失业人员的救济金额。报告还指出,很多人认为,一个国家如果日益加强社会保障,那么它在提高竞争力、适应新的变化和新情况方面的能力就会越来越弱。其实,这种想法是没有根据的。社会保障制度在许多方面对经济具有促进作用,使经济更有活力,实力更强。此外,报告还分析了工人权益的保障与全球经济一体化的关系,指出,经济全球化对发展中国家以及发达国家中低技术工人都有影响,在全球劳工市场中,发达国家和发展中国家缺乏技能的工人相互竞争,从而促使工资水平逐步下降。[1]

全球化所推动的"全球市场化意味着全球各个角落的经济体——各个国家、各个企业,都在全球的市场上进行竞争,这样就使全球的市场更加拥挤,竞争更加激烈"[2]。这种竞争至上的理念使得许多国家把人的要求置于新技术和贸易结果的要求之下。在这里,缩减劳动岗位、降低生产成本、减少税收被看作是提高公司与民族国家竞争能力的有效手段。"一味追求提高竞争能力

---

[1] 参见《社会科学报》,2000年8月17日。
[2] 江堤 编选《樊纲:全球化与中国》,湖南大学出版社,2001年版,第7页。

是导致劳动岗位被消灭的主要原因。今天，提高竞争能力被看作是比充分就业更为重要的目标。"① 德国社会学家达伦多夫指出，全球化"像一切伟大的生产力革命一样，都具有副作用，有些人认为这种副作用的比重已经超过了积极作用"，副作用之一便是"要想在一个冷酷无情的世界市场中具有竞争力，就需要以尽可能优惠的价格提供一切产品。因此成本就成为企业的核心命题。劳动力成本常常是最重要的成本因素，因此它正在被削减。这就是说，要把雇员的数目削减到必需的最低限度。这种最低限度是完全无法明确界定的，然而很清楚，许多人，首先是许多职员将会失去他们的职位，并且——如果可行的话——用非全日制雇员或者合同制职员取代他们"。②

包括沃尔夫冈·施特雷克在内的一些学者将这种发展趋势概括地描述为战后的社会福利国家向竞争国家的转型：激烈的全球竞争"对国家政策的压力迫使民族国家减少预算赤字，减轻债务，并将克服通货膨胀放在比减少失业更重要的位置上。马斯特里赫特条约中规定的参加欧洲货币联盟的标准，肯定了这一发展趋势；因此，条约不禁止各国以牺牲就业水平为代价来实现紧缩

---

① 里斯本小组 著《竞争的极限——经济全球化与人类的未来》，中央编译出版社，2000年版，第73页。
② [德]乌·贝克，哈贝马斯 等著《全球化与政治》，中央编译出版社，2000年版，第208页。

的目标，就不是偶然的了"①。在欧盟国家，1998年失业人数正在接近2000万大关。20世纪90年代以来，欧洲国家的失业率一直高达10％以上。"1998年2月，德国约有500万人没有工作，几乎占就业人口的13％，但是这个数字并没有反映失业的真实情况。如果把那些已经放弃寻找工作，但仍愿意工作的人，那些通过转岗措施找到临时工作的人，那些被迫缩短工时的人，那些被迫提前退休的人计算在内，那么德国共缺少800万个就业岗位。'真实的'失业率相当于20％。"② 失业率并不能说明失业者的社会痛苦与不幸。对于个体而言，失业意味着生活境况的下降；对于整个社会而言，失业则意味着动荡不安和社会风险。其实，失业的社会意义往往远远超过了经济上的损失。特别是对于长期失业者来说，失业意味着生活境况的螺旋形下降，很多人从此以后不能自拔。著名经济学家厉以宁认为，在一般情况下，失业对社会稳定的影响比之通货膨胀对社会稳定的影响要大。这是因为，对于失业者而言，"他们的心理不平衡，他们看到别人有工作，有收入，而自己没有工作，没有收入，就会抱怨社会，抱怨政府"。如果一段时间内物价上涨了，失业者要比那些有工作、有收入的人受害更深，"他们身受失业与通货膨胀双重危害。正是

---

① ［德］乌·贝克，哈贝马斯 等著《全球化与政治》，中央编译出版社，2000年版，第104页。
② ［德］格拉德·博克斯贝格，哈拉德·克里门塔 著《全球化的十大谎言》，新华出版社，2000年版，第72—73页。

由于失业而使他们更加难以应付物价的上涨,所以矛盾容易激化,主要演变为社会治安问题,但也有可能演变为政治问题"。①正是由于失业会给个体和整个社会带来不安和风险,所以充分就业的重要性一直都是各国社会所关注的焦点,对此,前国际劳工局局长米歇尔·汉森曾经有过阐释:"尽管根据劳动力市场的变化,可以对充分就业这一概念从数量上和质量上作出更新调整,但充分就业仍是一个保留着全部价值的目标。"②

探究全球化加大失业风险的缘由,大致有以下两方面。

一是全球化使大多数非熟练工人面临失业风险。

丹尼·罗德瑞克认为,经济学家们对全球化的标准研究方法,是强调商品、资本和观念自由流动的利益,而忽视了它们引起的社会冲突。他集中考察了全球市场与社会稳定之间冲突的三个来源,其中之一便是全球化所促成的各种"贸易和投资壁垒的减少加重了能够跨越国际边界的社会群体(不管是直接还是间接)与不能跨越国界的群体之间的不对称"。前者主要包括资本所有者、熟练劳动力和其他许多专业技术人士,他们能带着自己的资源,自由地到最需要他们的地方去,而后者主要是大多数非熟练工人(unskilled worker)。"用更技术性的词汇来描述这一点

---

① 厉以宁 著《经济学的伦理问题》,生活·读书·新知三联书店,1995年版,第98页。
② 国际劳工局 编《世界就业报告:1998—1999年》中国劳动社会保障出版社,2000年版,序言。

就是,全球化使得对后一类人所提供服务的需求更有弹性——也就是说,大部分劳动人口所提供的服务更易于由其他国家的劳动者所提供的服务替代。因此,全球化从根本上改变了雇佣关系。"①

罗德瑞克指出,在一个由经济全球化所促成的对外贸易和对外投资更为开放的经济体系中,一般劳动力需求会对劳动力价格的变化非常敏感,或者说劳动力的需求弹性更大。其中原因在于,劳动力需求是一种派生需求,可以对商品的需求弹性做出成比例的变化,通过对外投资或者进口外国工人生产的产品,投资者和消费者就能够比较轻易地以外国工人来代替本国工人的劳动。所以仅仅商品市场的一体化就可以促使对国内劳动力的需求更有弹性。对于这一点,劳工代表托马斯·R.多纳体形象地描述过:"世界已经变成了一个大集市,各国都在竞相兜售他们的劳动力,为了生意标出了最低的价格。当然,买者就是跨国公司。"② 因此,"将如今劳动力市场上求职者深刻的不安全感与全球化相联系是可行的,因为全球化使得求职者的工作比以前更容易被替代"③。所以,我们有理由认为,经济全球化对全球劳动力

---

① [美]丹尼·罗德瑞克 著《全球化走得太远了吗?》,北京出版社,2000年版,第4—5页。
② [美]丹尼·罗德瑞克 著《全球化走得太远了吗?》,北京出版社,2000年版,第19页。
③ [美]丹尼·罗德瑞克 著《全球化走得太远了吗?》,北京出版社,2000年版,第25—26页。

市场的主要影响是，对非熟练工人的需求弹性增大，而实际上需求并没有减小。也就是说，工人们如今发现自己处在更容易被外国的工人替换掉的环境之中。对于那些缺乏技能而可较容易被替换的工人来说，其结果将是处于更不安全和更具风险的状态之下。这种全球化给非熟练工人所带来的失业的风险被汉斯-彼得·马丁和哈拉尔特·舒曼称之为"无国界的就业危机"："一种革命正在逐个部门和逐个行业使劳工界经历根本性的变革。几乎没有人不受到伤害。政治家和经济学家们徒劳地寻找替代那些已失去的蓝领工作岗位的办法，原来这样的工作岗位在武尔坎造船厂、达塞飞机制造厂或者在大众汽车制造厂的流水线旁已经消失了。"①

这种非熟练工人和传统产业中的低技能工人容易被替代的风险无论是在发展中国家还是在发达国家都存在。以英国为例，从1990年代开始，全球化导致的技术变迁加快，产业结构调整加速，加之国内制造业受到来自发展中国家的激烈竞争，国内的许多传统产业中的劳动力被挤压出来，特别是在英国北部和中部的传统制造业中心地带，这种情况尤为严重。所以，"这一时期的一个显著特点就是制造业和采矿业中的大批男性体力劳动者——

---

① ［德］哈拉尔特·舒曼，汉斯-彼得·马丁 著《全球化陷阱》，中央编译出版社，1998年版，第134页。

不管是熟练工人还是非熟练工人，都失去了工作"①。对于英国国内许多失业的男性劳动力而言，这种由经济全球化和技术变迁所带来的就业模式的结构性转变，使得他们在以前所拥有的职业类型中再就业的可能性变得很小，除非他们重新学习并掌握市场所需要的新技能和新技术。

在全球化过程中，经济打破一切界限走向全球一体化，在这样一种残酷的全球性经济中，竞争将会造成全球性的劳动市场，再也没有任何一种职业是有绝对保证的了。争夺世界劳动市场份额的无限制的竞争，将会使劳动力沿着螺旋曲线越来越快地贬值。因为在一个全球性的劳动力市场上，某个更廉价的竞争对手总是已经在场或者迟早就会到场。劳动力价格自我调整的结果只是迫使其他地方的竞争者重新调整，并且很快又轮到自己需要重新调整。"未来市场风险将会落在谁的头上。首先，在那些还雇用许多非技术工人或熟练程度很低的劳动力的劳动密集型部门中，企业不分大小会遇到低廉工资国家的竞争。"②

这种低技能工人和非熟练工人被替代的风险还表现为经济全球化加快了技术的变迁，许多过去的人工劳动将被机器和软件技术所替代。美国学者杰里米·里夫金就曾指出："信息时代到来

---

① Arulampalam, Wiji. Gregg, Paul and Gregory, Mary. Unemployment Scarring. The Economic Journal, Vol. 111 No. 475, 2001, p. 579.
② [德]哈拉尔特·舒曼，汉斯－彼得·马丁 著《全球化陷阱》，中央编译出版社，1998年版，第150页。

了。在未来的岁月里新的更复杂的软件技术将使世界文明更加接近于几乎无工人的世界。在农业、制造业和服务业中，机器在迅速取代人的劳动，到21世纪中叶世界经济将接近完全自动化生产。"① 联合国发展项目发展研究室的高级政策顾问伊沙贝拉·格伦伯格也指出："根据1997年的《联合国全球社会状况报告》，在过去的20年间，临时性工作在总的就业机会中所占的比例越来越大——在10个发达国家中，从事这种工作的人已经占到就业人口总数的20%。"② 很显然，这20年正是各发达国家在计算机和信息产业中加大投入的年代。正是各种高新技术的发展更明显地、普遍地减少了对劳动力的需求，因而使大量的劳动力不得不从事临时性的、不稳定的工作。

二是全球化引发了各国之间关于"经济基地"的竞争

全球化推动了"经济基地"竞争的全面爆发。在激烈的全球竞争中，各国为了把资本和工作岗位留在本国或者引入自己的国家，展开了民族国家间的所谓"经济基地的竞争"。《经济学家》杂志预言这是一场"世界战争"——经济世界的战争；美国前总统比尔·克林顿则宣称，每个民族都犹如"一家大公司，在世界市场上与其他民族展开竞争"。

---

① [美]杰里米·里夫金 著《工作的终结——后市场时代的来临》，上海译文出版社，1998年版，第1页。
② 伊沙贝拉·格伦伯格《人人有工作：社会发展峰会之后我们学会了什么？》，《国际社会科学杂志（中文版）》，2000年第4期。

这种民族国家间"经济基地"的竞争被形象地描述为全球化进程中社会福利国家向竞争国家的转型。在这种转型中，出现了一种现象，我们可以把这种现象称作民族国家的现实经济的降低标准的竞赛。在这场竞赛中，各国的实际工资、企业税和社会福利标准被不断地向下调整。

由于全球市场中资本的流动性越来越强，民族国家的政策已很难具有强制资本留在本土尽其社会责任的能力，取而代之的只能是通过提供比其他国家更好的条件和服务的方式，来吸引并留住资本。这种国家间争取获得全球市场中流动性很强的资本青睐的竞争，直接导致了国家对资本征税能力的下降。其明显表现就是当前各国几乎都在做通过赋税改革为资方减轻财务负担的努力。其后果之一便是国家用于管理包括失业在内的社会风险的社会保障方面的公共开支不断降低。

被置于全球市场经济中的国家，都承受着"减肥"的压力。全球竞争对民族国家政策的压力迫使各国纷纷减少公共开支、预算赤字，以减轻债务。所以，对于那些国民经济已经融入国际资本市场的民族国家的政府来说，原则上必须面对两种选民，即本国的选民和"市场"。而这个"市场"就是全球市场，它"每天都公开地对一个国家的经济与财政政策是否值得'信任'进行投票。一个政府哪怕仅仅是被怀疑准备为实现充分就业或社会公正而扩大国家预算或者容忍货币贬值，那么它在这个问题上就会得负分"①。所以，由全球资本市场强迫实行的"健全货币"的政策，是以民族国家牺牲就业为代价的，这进而也加大了民族国家用于管理失业风险的社会保险、社会保障体系的负担。

各国为了能在"经济基地"的竞争中获胜，还要不断降低自己的生产成本和提高劳动生产率。为此，当前全球经济体系中的各主要市场经济国家都在实行紧缩政策，即尽可能地降低工资、社会福利、企业税和生态环境标准。这是经济全球化过程中缺乏控制的民族国家间"经济基地"竞争的必然结果。这种结果会导致工人的实际工资减少，社会福利损失即工人们失去各种社会保险和社会保障。而工人收入减少、各种社会福利的减少又必然会导致社会需求不旺，由此导致消费市场的萧条。接着这种情况又会反过来加剧社会福利的丧失和提高社会失业率。在这里出现了一种不断向下的螺旋运动。紧缩政策导致经济增长的减缓，引起劳动力市场的紧张，这将不可避免地导致失业率的上升。

2. 全球化进程中贫富分化加剧的风险

全球化在全球范围内扩大了贫富差距，表现为发展中国家与发达国家之间、一国内部的穷人与富人之间、全球范围的穷人与富人之间，在财富分配和生活机会与福利等方面的差距和不平等性在不断拉大。经济全球化对民族国家缩小社会内部贫富分化、

---

① ［德］乌·贝克，哈贝马斯 等著《全球化与政治》，中央编译出版社，2000年版，第104页。

控制社会不平等加大的风险带来了挑战。传统上，一个国家往往通过再分配机制来缩小其社会内部的贫富分化，其中重要手段之一就是依靠国家税收的转移支付，而经济全球化进程中，民族国家在"经济基地"的竞争中为获得资本的青睐，往往采取减税政策，全球化削弱了政府在社会计划中支出资源的能力，国家的调控能力在弱化。

目前的全球化趋势是在旧的国际政治经济秩序没有根本改变的情况下发展起来的，因此，"全球化是一个不平衡的历史进程，其中既有根深蒂固的等级和不平等，也滋生着新的控制关系和差距"①。在这里，等级指的是参与、进入以及影响控制全球化进程的不对称，而不平等指的是全球化过程对不同的国家、民族、阶级、种族团体的生活机会和福利产生了不对称的影响。正因为全球化的结构是一个存在着等级和各种不平衡的结构，所以造成了全球化过程中的诸多不平等现象。

首先，起点的不平等。这种不平等主要体现在全球化过程中决策权的不平等，西方发达国家在全球体系中具有先发优势，这种优势是长期积累而成的。"发达国家的先发优势除了体现在物质力量上，更体现在对正在形成的全球规则的主导作用。现有的主要国际规则和国际制度基本上都是在西方发达国家的主导下形

---

① ［英］戴维·赫尔德 等著 杨雪冬 等译《全球大变革：全球化时代的政治、经济与文化》，社会科学文献出版社，2001年版，译序第10页。

成的，在内容和运作上暗含着对西方国家的倾斜。现在，这些制度和规则正在向全球规则转化。"① 为了维持既得利益，同时增加新的利益，发达国家希望把现有的等级结构和不平等关系带入到新的全球体系中。因此，在当今的全球化进程中，发达国家是全球化规则的制订者，而广大发展中国家只是规则的被动接受者。

其次，结果的不平等。西方发达国家利用其在贸易、金融、投资等方面的优势，在全球化发展进程中占据主导地位并成为最大的受益者；而全球化的不利后果与风险大都由发展中国家承担，拥有世界人口80%的广大发展中国家由于经济实力、社会经济结构和组织体制等方面的固有薄弱，难以平等地享受全球化的益处，却往往成为全球化负面效应的受害者，加剧了与发达国家的差距。事实是，经济全球化从来就不是对各参与主体一视同仁的。世界经济发展的历史表明："经济全球化进程最快的时期也是全球贫富差距进一步拉大的时期。据统计，世界上20%最富有者与20%最贫困者的收入差距已从1960年的30∶1、1991年的61∶1扩大为1995年的82∶1。"②

在全球化的发展过程中，国家与国家之间、国家内部各阶层之间的财富分配必定是不均等的。全球化导致了两极分化和社会

---

① ［英］戴维·赫尔德 等著　杨雪冬 等译《全球大变革：全球化时代的政治、经济与文化》，社会科学文献出版社，2001年版，译序第15页。
② 俞正梁 等著《全球化时代的国际关系》，复旦大学出版社，2000年版，第193页。

不公，在全球化进程中，有充分的理由可以说明个人与个人之间、集团与集团之间在财富和生活机遇方面的不平等性仍将进一步继续增加。在很大程度上，目前的全球化并不重视财富分配、就业与发展问题。这样的全球化越是加速，无论国内还是国际，贫富鸿沟不断扩大，社会分层越发明显。经济全球化在全球范围内扩大了贫富两极分化，这种两极分化的扩大直接表现为发展中国家与发达国家之间，一国内部的穷人与富人之间，全球范围的穷人与富人之间在财富分配和生活机会与福利等方面的不平等性在不断拉大。

一是南北之间贫富差距加剧。

全球化加剧了发展中国家的贫困，扩大了发展中国家与发达国家的贫富差距。世界银行发表的2000年度发展报告显示，世界各国之间的贫富差距不断扩大。世界上最富有的20个国家人均收入，比最贫穷的20个国家高出37倍。两者之间的差距比40年前增加了1倍。该报告共调查了132个国家和地区，最贫穷的国家是埃塞俄比亚，人均年收入仅有100美元。最富有的国家是瑞士，人均年收入则高达3.84万美元。该报告显示，目前全世界有28亿人每天的生活费不足2美元，几乎占世界人口的一半。而其中又有12亿人的每天生活费还不足1美元。

第三世界的发展中国家在全球化进程中面临着一种尴尬的境遇，无论其是否对全球经济开放国内市场，结果都将是处于一种不利的地位。世界贸易组织总是积极要求第三世界发展中国家开放国内市场,给外国投资者以国民待遇,消除有碍于他们投资的任何法律障碍。"一方面,凡是作出了自由结构调整的地方,人民的生活条件恶化、社会不稳定性增加。""另一方面,凡是拒绝满足其要求的国家,则被忽视而处于世界体系的边缘地带,从而最终被驱逐出国际圈。"①

全球化是"作为一种得失分配不平的极为不平等的过程出现的。这种不平衡的后果是两极分化,即少数国家和集团从中获利,而多数国家和社会集团蒙受损失或被挤到了边缘。所以,全球化、两极分化、财富集中化和边缘化彼此联系在同一个过程中"②。

为什么全球化拉大了南北之间的贫富差距,在全球范围内促进了社会不平等性的加剧?这与全球资本流动的本质有关,这也是有关全球资本自由流动的理论与实际之间的矛盾所在。根据货币主义代表人物米尔顿·弗里德曼的观点,资本应该能够流向世界的各个角落,自由流动使资本得到最有效的利用。资本自由流动,自动地把资本引向最有收益的地方。从理论上讲,自由的资本市场通过此种方式给所有国家都带来利益,商品自由流通和资

---

① 王列,杨雪冬 编译《全球化与世界》,中央编译出版社,1998年版,第13—14页。
② [德]赖纳·特茨拉夫 主编 吴志成 韦苏 等译《全球化压力下的世界文化》,江西人民出版社,2001年版,第12页。

本自由流动提高了所有参与国的富裕程度。然而,"就像相对成本优势定律没能给各国带来什么好处一样,资本自由流动也未能帮助各国实现'最佳'投资。最具收益的投资不是给所有人,而只是给投资者带来利益"①。当发达国家企业希望在某个发展中国家获得较高收益时,它们的资金就流向那里。然而这种"更好的"投资是以当地工人恶劣的工作条件和社会福利的削减为代价换来的。给发展中国家居民带来工作和收入的全球流动的资本和商品贸易往往伴随着关于残酷剥削的事例。德国的《日报》曾以"每天加班6小时"或者"为世界市场而辛苦工作"为题报道发展中国家妇女的状况。因为在广大"第三世界"有大量的劳动力过剩,所以,一旦其他地区的劳动力成本更低或收益率更高,流动性很强的资本就会很快离开这个原先的投资国而转移到另外一个劳动力已经准备好接受更残酷剥削的地区。事实是,通过经济全球化富裕起来的并不是普通工人,而是资本所有者。而受冲击最大的却恰恰是那些缺乏技术的非熟练工人,他们几乎将被全球市场无情地排斥。

瑞典著名经济学家谬尔达尔以"回流效应"和"传播效应"概念,论证了发展中国家在全球经济关系中的不利地位。谬尔达尔认为,经济全球化进程中富国和穷国之间的资本流动,将为穷

---

① [德] 格拉德·博克斯贝格,哈拉德·克里门塔 著 胡善君 许建东 译《全球化的十大谎言》,新华出版社,2000年版,第26页。

国造成"回流效应"。在发达工业化国家和发展中国家的两国之间的自由贸易和资本流动,必使前者更强而使后者更弱。外国投资者在发展中国家的投资是以取得最大化的利润为目的的。投资的结果,是从这些不发达国家获取大量的利润,这势必使富国越富,穷国越穷。另外,流向不发达国家的资本,主要被导向于初级出口产品的生产部分,为发达国家攫取大量的工业原料开了方便之门。

全球化带来的贫富差距拉大的最重要表现,并不仅仅表现在发达国家与发展中国家对经济财富占有上的巨大差距,更主要的表现是在信息资源的占有上。21世纪不仅是全球化的时代,同样也是知识经济的时代和信息社会的时代。在这样一个社会中,世界上发达国家与发展中国家之间的差距将比20世纪更大。据联合国《世界发展报告》称,电信和计算机革命正迅速扩大全球知识的影响面。作为"发展中国家"的"南方",其发展水平与新技术的使用,与它参与新的信息社会的能力有着直接的关系,与利用贸易、教育、文化、娱乐、通信和公民参与等方面的各种机遇有着直接的关系。21世纪"南北"之间的差距将不再是经济指标上的差别,而更主要表现在人文发展的指数上,特别是表现在信息社会的参与因素上。

二是发达国家社会内部贫富分化的加大。

在西方发达国家,全球化破坏了二战结束后30年之内逐步形成的劳资妥协的社会契约。二战结束后的30年内，为了建立国际经济秩序的基础，资本主义不得不向工业社会提出的各种社会要求以及国家的某些决定妥协，当时的劳资妥协是资本为了满足一些社会要求而做出的一项策略调整。但从1980年代开始，伴随着新自由主义思潮的兴起和经济全球化进程的加速，资本主义的经济逻辑开始将自己从社会关注中分离出来，这种变化标志着一种令人吃惊的倒退——重新退回到一种过度剥削的状态。"就像19世纪一样，失业和贫穷重新出现，并且成为社会的结构特征；社会不稳定和社会排斥每天都在增长；资本收入在上升，而劳动收入在下降。"①

当前的经济全球化时代，是"资本胜利的时代"，强资本、弱劳工的格局随着以往进步的社会政策的失败和工会力量的衰落而进一步加剧，即使在最发达的资本主义国家美国亦是如此。"20世纪60年代中期，当经济以年均6%的速度增长时，美国公司的高级行政人员和普通的产业工人在收入上的比率是39：1。到1997年，在经历了持续30年的缓慢增长后，上述收入比率变成了254：1。"② 美国社会的收入不平等状况在逐步加剧，其中的原因比较复杂，而与全球化密切相关的原因有：经济全球化刺

---

① 王列，杨雪冬 编译《全球化与世界》，中央编译出版社，1998年版，第16页。
② 威尔·赫顿 安东尼·吉登斯 编《在边缘：全球资本主义生活》，生活·读书·新知三联书店，2003年版，第131-132页。

激了技术的进步，而技术的增殖增加了经理层和高技术工人所得到的工资溢价，加大了与低技能工人的收入差距；不断加剧的美国国内的低技能工人与发展中国家的工人之间的激烈竞争削弱了美国劳动力市场中低技能工人的议价能力。

在全球范围内和大多数国家中，高收入国家和高收入群体往往不均衡地占有更多的资本、土地和技术；而低收入国家和低收入群体往往不均衡地拥有较多的劳动力。"如果某种社会变化导致了对于资本、技术等报酬的提高，这将会增加这些资产在不同家庭之间的集中度，并有可能使收入分配变得更加不平等；而如果某种变化导致了对于劳动力报酬的提高，或减少了财产的集中度，则将有可能使收入分配更趋于平等。"①

经济和社会政策往往通过以下方式影响收入分配，如国家调控主义者的政府政策，通过影响汇率，实施进口限制，调控利率、工资率、要素流动等，往往使要素的报酬无法像在一个自由市场的环境中那样反映要素的禀赋。而新自由主义政策放松或取消了这些限制，于是产生了一种更接近于自由市场自发状态的形势。

在工业发达国家，二战后广泛实施的以上这些限制，曾普遍地抑制了对于富裕阶层的报酬，从而提高了对于那些拥有的资源

---

① Hurrell, Andrew and Woods, Ngaire ed. Inequality, globalization, and world politics. Oxford University Press Inc. 1999, p.154.

主要是劳动力的阶层的报酬；对于商品和劳务流动的限制也提高了对于非熟练工人的报酬，保护他们免受来自发展中国家的竞争；在发达国家中对于资本流动的限制也倾向于降低资本的利息率和利润率。但随着新自由主义思潮的兴起以及经济全球化进程的加速，这些限制逐渐放松或被取消，其结果势必会破坏原有的收入分配状况，使之日益不平等。

西方社会中这种劳资妥协的破坏，贫富分化的加剧，经济与社会的分离，意味着"全球化正在导致一种沙漏社会模式的形成，在这样的社会里，大部分人都将掉入社会底层"①。越来越多的人生活水平下降，国家内部贫富差距拉大，社会凝聚力瓦解。

三是发展中国家社会内部贫富分化的加剧。

"新自由主义的全球化工程加大了发展中国家的贫富差距，只有新的经理和领导精英才从这种发展中受益。'第三世界'的大规模贫困并不能被克服，充其量在大规模贫困中创造出几个富裕的小岛罢了。"② 相比而言，全球化进程中，发展中国家社会内部的不平等趋势较之发达国家更为剧烈，贫者更贫而富者更富。"发展中国家严重的不平等和相对薄弱的法律规范，使得这些国

---

① 王列，杨雪冬 编译《全球化与世界》，中央编译出版社，1998年版，第15页。
② [德] 格拉德·博克斯贝格，哈拉德·克里门塔 著　胡善君 许建东 译《全球化的十大谎言》，新华出版社，2000年版，第146页。

家任何积极参与全球经济的行为都具有加重不平等的风险。"①

经济全球化和新自由主义所带来的普遍影响适用于几乎所有的发展中国家,这些影响都有进一步加剧收入分配不平等和贫富分化的倾向。经济全球化刺激了资本流动性的加大,许多研究表明,外国资本的渗透往往加重了发展中国家的收入不平等,这主要表现在以下几个方面。第一,外国资本的进入和渗透在发展中国家产生了一小批本土的高收入精英,他们管理着这些投资并且扩张着非正式的经济部门,而由这些投资所产生的就业往往是相对低工资的工作岗位,由此扭曲了东道国的阶级结构。可以看到,当前国际市场的发展正日趋迎合经理阶层、职业白领和高技术工人,在发展中国家,由于国际资本的进入,这些群体的收入也大幅增长,并逐渐拉大与国内低技能工人的收入差别。第二,由这些投资所获得的利润往往回流出东道国,而不是再投资于东道国,这抑制了发展中国家国内的资本积累和形成。第三,外国资本的渗透往往倾向于使东道国土地的所有权集中。第四,东道国为了迎合外国资本,往往营造出更受国外资本青睐的政治和经济环境,而限制了国内劳工获得较高工资的能力。② 此外,在新

---

① 张焕君 编写"如何治理全球化下发展中国家的不平等",载《国外理论动态》,2000 年第 5 期,第 18 页。

② Kentor, Jeffrey. The Long Term Effects of Globalization on Income Inequality, Population Growth, and Economic Development. Social Problems, Vol. 48 No. 4, 2001, p. 438.

自由主义思潮的影响下,许多原先对私营部门有着相对较多限制的发展中国家,纷纷放松或取消了限制,私营企业有了大规模的发展,由此也为一部分人开启了聚敛财富的机会,进而加剧了贫富分化。

在发展中国家,新自由主义和其所引领的经济全球化对于收入分配的影响根据发展中国家不同的经济类型而有所变化,一般可以将发展中国家分为三种经济类型:制造业产品出口的生产国,许多亚洲国家属于这种类型;初级农产品或矿产品的出口国,大多数非洲国家属于这种类型;进口替代型的工业化国家,许多拉美国家属于这一类型。① 在以上三种经济类型中,新自由主义政策对于进口替代型发展中国家的收入分配的影响最大。在许多进口替代型的产业部门,新自由主义很可能会导致工资和就业岗位的减少,这对于城市就业机会和收入有很大的负面影响,城市收入分配状况的恶化将不可避免。所以,新自由主义对于拉美国家中收入分配的冲击是最大的,由此造成的贫富分化的加剧在这一地区也最为明显。

在全球化的背景下,拉美地区经济将更大程度地融入全球经济体系,拉美各国将更加依赖于全球经济的发展变化,其经济地位也变得更加脆弱与不稳定。在激烈的全球竞争中,为了降低劳

---

① Hurrell, Andrew and Woods, Ngaire ed. Inequality, globalization, and world politics. Oxford University Press Inc. 1999, p.155.

动力成本和减少对产业工人的保障，拉美各国政府都设法削弱工会的权力，劳方在与雇主谈判中的地位日益下降，拉美各国劳动力市场的地位也变得更加脆弱和不安全。大多数劳动者的命运注定是低工资或长期失业，由此导致拉美地区的社会贫困现象不断加剧。"在80年代债务危机发生后，穷人和就业不足者占到了大多数拉美国家人口的30%—50%。"① 与此同时，拉美各国内部的贫富分化也在加剧，"70年代智利工人可以得到国民收入的50%，到1989年只能得到19%。阿根廷1975年贫富收入之比为1∶8，1991年为1∶16，1997年为1∶25"②。

四是全球化的富人和区域化的穷人。

全球化在财富分配和机遇福利分配等方面的不平等性已经明显表现出来，在那些从全球化受益和受全球化冲击的集团、个人之间存在的裂缝正在扩大，这是导致社会冲突的一种潜在风险。"社会冲突与社会不平等是息息相关的，或者更确切地说，后者是前者的基本渊源。"③ 达伦多夫认为："现代的社会冲突是一种应得权利和供给，政治和经济，公民权利和经济增长的对抗。这

---

① 周岳峰 编写"拉美新自由主义的后果和前景"，载《国外理论动态》，2000年第8期，第12页。
② 徐洋"全球化与21世纪的社会主义"理论研讨会综述，载《国外理论动态》，2000年第4期，第3页。
③ ［英］拉尔夫·达仁道夫 著 林荣远 译《现代社会冲突》，中国社会科学出版社，2000年版，译者的话第4页。

也总是提出要求的群体和得到了满足的群体之间的一种冲突。"①全球化进程中，相比资本而言，各国的劳动力具有较差的流动性，而随着流动性越来越强的资本要挟能力的不断提高，"强资本弱劳工"的格局日趋明显，在量上的表现就是资本利润异乎寻常地剧增，而实际工资的增长远远落后于资本利润的增长。无论发达国家还是发展中国家的劳工权益都受到了不同程度的损害，这使得经济全球化过程中出现了越来越多的社会矛盾和社会冲突。

可以说，全球化在那些能够从全球化经济中受益的人与不能从中受益的人之间，在那些能分散全球化带给其风险的人与那些不能分散其风险的人之间，已经产生了潜在的冲突根源。经济全球化将世界居民分化为全球化的富人和区域化的穷人："有些人以全球为家，而另一些人则被束缚在其居住地"②。那些以全球为家的权力精英们"凭借着极其尖端的信息技术、空中旅行和多处居所而自由地做跨洲来往和沟通"③。这一部分国际性流动群体很大程度上"已经割断了他们与当地社会的联系，变得无拘无

---

① ［英］拉尔夫·达仁道夫 著 林荣远 译《现代社会冲突》，中国社会科学出版社，2000年版，第3页。
② ［德］乌·贝克，哈贝马斯 等著《全球化与政治》，中央编译出版社，2000年版，第64-65页。
③ ［英］马丁·阿尔布劳 著 高湘泽 冯玲 译《全球时代：超越现代性之外的国家和社会》，商务印书馆，2001年版，第256页。

束"①，而"通过减少对国际性流动性群体的约束，全球化会使团结社会力量的凝聚力松懈，并加剧社会的分裂"②。

3. 全球化进程中的生态风险

全球化加大了生态风险的原因主要表现为：作为一种全球化形式的工业生产模式从北向南的稳定扩散，已经使全球产生环境污染物质的整体能力有了大规模的提高；经济全球化刺激了全球消费的增长，而为满足大规模消费所进行的大规模生产，往往伴随着大规模的资源、能源消耗和巨大的生态环境压力。全球化进程中国家管理生态风险面临的挑战有：生态风险、环境破坏的作用是全球性的，而且形成危机网链，这给单个国家所进行的生态风险管理带来很大的难度；在经济全球化过程中，许多具有严重危害性的高风险产业已经通过全球化被发达工业国家转移到了第三世界的低收入国家。

可以这样认为，当代的环境退化形式比人类历史上任何其他时候都更具有全球性。许多环境问题和生态风险在二战后不久就已经具有了相当程度的全球性，但是，如果没有对经济事件的全球化进行考察，仍然难以把握环境退化的进展速度。事实上，在经济领域，国际环境问题、生态风险的起源和特征在一定程度上

---

① ［美］丹尼·罗德瑞克 著 熊贤良 何蓉 译《全球化走得太远了吗?》，北京出版社，2000年版，第82页。
② ［美］丹尼·罗德瑞克 著 熊贤良 何蓉 译《全球化走得太远了吗?》，北京出版社，2000年版，第81页。

可以归因为许多全球现象，经济全球化观念，可以被有效地运用于解释全球生态环境问题。"经济学认为，工业生产模式从北向南的稳定扩散——一种全球化形式——已经使全球经济产生环境污染物质的整体能力有了大规模提高，这些污染物质威胁到了全球共同的生存环境。"① 我们可以将全球化视为工业化从西方向南方和东方的全球性传播过程，这一过程在历史上就有。19世纪30年代工业革命开始之后，由于生产技术、动力资源和原材料等的根本性转变，人类社会环境退化和生态风险的水平开始上升。尽管如此，直到20世纪之前，环境威胁所带来的影响仍然主要是地方性的，"只有在20世纪和20世纪晚期，资本主义或国家社会主义经济组织的工业生产造成的环境结果才广泛表现为环境退化，而且它们的空间范围扩展到超出地方或国家"②。特别是近20年来，由于资本、技术等生产要素在全球流动的速度越来越快、强度越来越大、广度越来越宽，尤其是一些大型的跨国公司把技术、资金乃至整个厂房都搬到了南方的发展中国家，使得这一工业化的全球性传播更为迅猛，而这种工业生产模式的全球扩散，大大增加了污染所涉及的地理范围，同时也增加了全球消费资源的整体能力。

---

① ［英］戴维·赫尔德 等著《全球大变革：全球化时代的政治、经济与文化》，社会科学文献出版社，2001年版，第529页。
② ［英］戴维·赫尔德 等著《全球大变革：全球化时代的政治、经济与文化》，社会科学文献出版社，2001年版，第534页。

现代化的生态风险具有一种内在的全球化的趋势。"风险的普遍化伴随着工业化生产的全球扩张,不管风险在哪里被生产出来,实际上,食物链将地球上的每一个人联系起来,它们超越了国界。空气中的酸含量不仅在蚕食雕塑和艺术珍宝,它们在很久以前就造成了民族国家海关关卡的瓦解:甚至是在加拿大,湖水也已经开始变得酸化"①,污染物通过空气、土壤和水等中介从它们的发生地或生产地越过国家疆界和政治边界而到处传播。典型的例子是,核电站的建立和运营已经产生了灾难性的跨国界环境退化的危险,并且这种危险已经在苏联的切尔诺贝利事件中得到了充分的体现。核技术的广泛推广和应用还带来了越来越多的大规模的核废料贸易,这给跨国污染和污染威胁增加了新的、重要的维度。总之,当代环境退化形式比人类历史上任何时候都更具有全球性,而且它们对人类生命所造成的一系列危害和威胁具有更重要的历史意义。

包括大气、气候、整个海洋环境和全球水循环系统等在内的全球环境公共品是全球生态系统的基础,"它们被所有人同时使用、经历和共享,而且不在任何人或任何国家的有效管辖范围内或主权范围内"。这些环境公共品"被每一个国家和社会所拥有但又超越每一个国家与社会"。这些共享的生态系统固有的全球

---

① Beck, Ulrich. Risk Society. SAGE Publication, 1992, p. 36.

性特征意味着,"任何具体而小范围的行动带来的结果都可能影响到极难预测而且易变的整个自然界","空间上分离的社会行动和社会网络有可能以强有力的方式紧密地联系在一起"①。而实际上,在生态问题上,"那些在世界范围内涉及很高负面效应的事务都不能被看作是纯粹的国内事务。非洲、巴西及印度尼西亚的热带雨林减少不仅会影响当地的,还会影响全球的气候。美国、中国和俄罗斯的二氧化碳过度排放破坏了全球的大气臭氧层"②。所以,生态风险、环境破坏的作用是全球性的,而且形成危机网链,在世界范围内使危害者和受害者命运相连、休戚与共。这给单个国家所进行的生态风险的管理和控制带来了很大的难度。

全球化加大了全球生态风险的另一原因还在于,经济全球化刺激了全球消费的增长。世界消费在20世纪末以前所未有的速度膨胀:"1998年私人和公共消费支出达24万亿美元,是1975年的2倍,1950年的6倍。"③ 这是因为经济全球化整合了全球消费市场,经济全球化——贸易投资和金融市场的一体化使得消费市场一体化,这其中包括两个过程:经济的和社会的。经济自由化开放了消费商品市场,解除进口限制和降低关税使得人们能以更

---

① [英]戴维·赫尔德 等著《全球大变革:全球化时代的政治、经济与文化》,社会科学文献出版社,2001年版,第526页。
② [美]小哈罗德·斯凯博 等著《国际风险与保险:环境—管理分析》,机械出版社,1999年版,第507页。
③ 联合国开发计划署 编《1998年人类发展报告》,中国财政经济出版社,2000年版,绪论第1页。

具竞争力的价格获得更广泛选择的商品，这一过程进一步发展并加快了向自由市场的改变。这一改变由旨在满足大规模消费的大规模生产所驱动，而大规模生产往往又伴随着大规模的资源消耗和巨大的生态环境压力。世界消费前所未有的增长通过对全球和本地的影响造成对环境的巨大压力。消费市场的全球一体化也有其社会性根源，随着在贸易、通讯和旅游等方面民族国家的国界被打破，全世界的人们都成了一体化全球消费的一部分。他们拥有同样的消费标准，随着消费标准的提高以及消费主义价值观的流行，"全球消费新时代开启了竞争性、炫耀性消费的新趋势"①。

  利润、市场决定一切的经济全球化对环境产生了严重破坏，第三世界成为工业发达国家转移污染物质的垃圾场。经济全球化过程中生态风险承担不均的现象是相当严重的，根据联合国有关机构统计，世界上的绝大部分有毒污染是发达国家造成的，包括美国、英国、德国、澳大利亚等在内的20多个发达国家生产了占世界95%的有毒垃圾。据绿色和平组织的报告，发达国家以每年5000万吨的规模向发展中国家转移危险废弃物。亚洲、非洲、拉美、东欧各国正成为发达国家的垃圾场。而其中，不少高污染产业也裹挟在全球化浪潮之中涌入中国，由此带来的环境污染问题和生态风险值得高度关注。发达国家在制造全球性的生态风险方

---

① 联合国开发计划署 编《1998年人类发展报告》，中国财政经济出版社，2000年版，第53页。

面难辞其咎。如导致温室效应的二氧化碳废气排放量的2/3来自工业发达国家，其借助全球化把数不尽的重污染工厂转移到发展中国家，把许多工业垃圾和污染物、核废料输送到发展中国家。同时还把发展中国家作为其能源和初级产品的加工厂，对发展中国家的能源和自然资源进行掠夺性地开发，所有这些，造成了当今世界生态环境的严重退化。而对于许多发展中国家而言，在激烈的全球竞争中，往往会片面地追求经济的增长，而对生态环境问题缺乏应有的重视。一些发展中国家甚至以牺牲生态环境为代价换取一时的经济利益，不计后果地开采国内的自然资源，导致水土流失、土地荒漠化、生物多样性减少等生态环境的危机。

当前，人类面临的生态环境问题主要有：可再生资源的危机——森林退化、水枯竭、水土流失、荒漠化、生物多样性减少；污染和垃圾危机——污染物的产生快于地球吸收它们的自然能力，引起气候和生态系统的重要变化。所有这些环境问题最后产生了全球性的生态风险，如海洋污染、臭氧枯竭和全球变暖等。当代环境问题的广度和强度等出现决定性转变的最明显的例子就是全球变暖和臭氧层的消失，面对这一共同的生态危机，将会产生一个比任何一个民族国家都要大得多的"环境命运共同体"。全球变暖带来的结果在范围上也是全球性的，许多领域都将出现变化，"如海平面不断上升和土地肥率迅速下降，大多数国家和社会也可能出现全国和地方性的社会动乱、迁移和剧变等次级效应"①。

全球化也带来了金融风险。对民族国家而言，金融资本的全球性扩张过程是一柄利益与风险并存的"双刃剑"。值得注意的是，短期资本流动的波动幅度越大，国家金融风险就越大，包括大量投机基金在内的短期资本流动在全球资本市场上造成的动荡和系统性风险已成为各国金融市场动荡的外部根源。金融风险的爆发会引发社会其他领域的动荡，失业率上升、政局动荡等。金融全球化对国家管理金融风险提出了挑战，当代全球金融市场的显著特征是：利率、汇率和其他金融资产价格变动的高强度和易变性，在其中，许多国家的政府很难享受到它所期望的政策自主，很多国家政府越来越无法以政策直接控制国内金融市场。

全球化进程中还面临着文化价值观的冲突的风险。全球化加大了各种文化实体之间发生冲突的风险：西方国家的基督教文化与伊斯兰教文化复兴运动之间的冲突；西方发达国家的人权观和多边干涉主义与广大发展中国家的主权观之间的冲突。民族国家文化面临文化全球化侵蚀的风险，地方族裔文化认同对民族国家文化认同也带来了冲击。

这些全球化进程中出现的风险具有明显的全球性特征，全球性风险不是指单个民族国家所面临的风险，而是指多个国家乃至

---

① ［英］戴维·赫尔德 等著《全球大变革：全球化时代的政治、经济与文化》，社会科学文献出版社，2001年版，第535页。

整个全球社会所面临的共同风险。全球性风险的最重要的特征在于风险的共同性和不可分性（indivisible），即它对所有的个体和国家都产生影响，任何国家都无法躲避，没有一个国家可以置身于这些风险之外。正如贝克所言，在全球性的生态风险面前，"地球已经变成了一个不再承认贫富之间、黑白之间、南北之间和东西之间有任何差别的弹射座椅"。① 言下之意，全球性的生态风险打击的是在这个星球上生存的所有生命个体和集团。

总之，全球化带来了巨大的社会变革，在迅速发展的信息社会和技术社会中，人们所承受的风险也在发生变化。新型的人为风险不断出现，如与全球化所带来的技术变迁、全球性经济竞争、国际资本流动、社会排斥等有关的失业风险、金融风险、生态风险等，与此并存的还有人为制造的各种其他风险，如由金融风险引发的全球经济崩溃、全球人口过剩、流行性传染病、跨国恐怖主义等。这些被制造出来的风险层出不穷，在我们生活的这个世界的各个领域都有所表现，其中很多风险是以往的人类社会从未面临过的。在此背景下，一方面，传统的民族国家难以及时调整自己的步伐，以便覆盖这些新型的风险；另一方面，为了应对这些风险所做出的许多决策和干预活动往往又孕育着新的风险和不确定性因素。

---

① Beck, Ulrich. Risk Society. SAGE Publication, 1992, p. 38.

全球化进程中，"各国的政府系统势必从封闭走向开放，以配合这个全球性开放、非单一力量可以控制的新系统的运作"①。这一变化势必会强力改变民族国家政府的传统角色定位。为此，国家的自主性必然会受到一定的影响。所谓国家自主性，指"民族国家实际拥有的独立宣布和实现自己政策目标的权力"②。在一个开放性的全球社会中，国家间协调机制是重要的秩序保障，其权威来自各个国家自主性的部分让渡。在这样的背景下，各国政府对本国的经济社会生活的管理不再享有绝对的排他性，其政策制定与调控措施必须与国际环境相协调。于是，当面临全球化进程中出现的越来越多的不确定性因素和一些始料未及的风险如大规模失业、贫富分化加剧、金融风险、生态风险时，民族国家政府为顺应全球化趋势所做出的自主性的部分让渡，使其调控能力受到制约，影响力受到削弱，政府控制、管理风险的职能较以往有弱化的倾向，在社会计划中支出资源、控制风险和提供保障的能力在降低。近些年来，在西方社会中普遍出现的福利国家制度的逐渐解体就是一个例证。

4. 全球化对福利国家的挑战

福利国家是指现代资本主义市场经济国家为了管理、控制社

---

① ［英］戴维·赫尔德 等著《全球大变革》，社会科学文献出版社，2001年版，第6页。
② ［英］戴维·赫尔德 等著《全球大变革》，社会科学文献出版社，2001年版，第40页。

会风险所建立起来的包括社会保险、社会保障在内的整个国家范围内的普遍福利政策。在不断加快的全球化进程中，福利国家的三个结构性根源——民族国家、劳资妥协、风险管理，都面临着挑战与困境。

英国著名社会学家吉登斯在其著作《超越左与右——激进政治的未来》一书中提到了现代福利国家的三个结构性根源：（1）工业化阶段，雇佣的有偿劳动具有核心的和决定性地位；（2）福利国家总是民族国家；（3）是为了应付风险而出现的。① 可见，现代福利国家的结构性根源有三个：首先，福利国家是民族国家，它是在现代民族国家的基础上建立与发展起来的；其次，福利国家是劳资妥协的历史产物；再次，福利国家是以国家为基本组织形态的一种控制和管理风险的制度。

福利国家是在民族国家的基础上形成的，因此，福利国家总是民族国家。它是在现代民族国家的形成发展过程中，实现内部稳定的重要组成部分。在现代民族国家的形成过程中，贫穷、失业、疾病、环境污染等这些威胁国家稳定的因素，不仅仅是国家需要尽可能处理好的既有问题，实际上也是国家形成发展中的一个方面，而为了解决失业、贫穷、疾病等问题而建立起来的福利制度则代表了国家当局促进和维护民族国家稳定的愿望。因此，

---

① [英]安东尼·吉登斯 著 李惠斌 杨雪冬 译《超越左与右——激进政治的未来》，社会科学文献出版社，2000年版，第140—141页。

"从早期以来，福利制度是被作为更一般的国家建设过程中的一个部分建构起来的，福利国家就是民族国家"①。民族国家之所以要全面承担起社会福利的责任，从客观上讲，是因为其具有这种管理的技术和能力；从主观上讲，则是为了促进国家的稳定与发展，提高国家的实力和竞争力。

福利国家也是劳资妥协的历史产物。它在实质上是一种调节资本与劳工关系的制度。资本主义产生以来，劳资之间的摩擦、冲突便没有停息过。资本主义以追求最大利润为目的，以市场为制度依托，强调竞争和效率；而劳工则要求更好的待遇，更广泛而平等的社会权利，以及一旦在残酷的市场竞争中被淘汰下来，能够获得必要的社会保障。

在二战后的 30 年间，福利制度在一些发达国家得到了较好的实现。为了建立国际经济秩序的基础，资本主义不得不向工业社会提出的社会要求以及国家的某些调控决定进行妥协。福利国家"是资本为满足一些社会要求而做出的一项策略调整"②，它在一定程度上限制了资本力量的过度膨胀，为劳工提供了必要的安全保障。卡尔·波兰尼指出："真正自由放任的资本主义意味着不稳定与不安全达到大多数人所无法承受的，并最终会削弱这一制

---

① ［英］安东尼·吉登斯 著 李惠斌 杨雪冬 译《超越左与右——激进政治的未来》，社会科学文献出版社，2000 年版，第 141 页。
② 王列 杨雪冬编译：《全球化与世界》，中央编译出版社，1998 年版，第 15 页。

度自我再生能力的程度。"① 福利国家作为一种对资本进行限制的制度形式，它的形成在一定程度上修正了资本主义市场的不合理因素，防止资本主义遭到这一制度的自我破坏逻辑的伤害。

福利国家是为了管理风险而出现的。"在每一个个体的生命历程中，都会遭遇到各种各样的风险，而福利国家一直被视为是解决这些风险问题的有效手段。"②福利国家从其初始到现在一直关心风险管理，吉登斯认为，"福利国家在很大程度上是由国家控制的管理风险的制度"③。风险管理的尝试是建立在民族国家基础上的福利国家政府之为政府的基本方面，在吉登斯看来，这反映了现代性与从前的社会秩序形态的冲突，因为在前现代社会，个体的贫穷、疾病等风险只是一种"偶然"的事情，而社会福利概念的产生反映了人们对社会不公的重新理解，更反映出社会和经济生活可以人为控制这样一种占优势的想法。凯恩斯主义对古典经济学理论的批判在这里显得非常重要，在20世纪30年代之后的几十年间占支配地位的正统经济学派把大规模的失业风险看作是一种可以有效控制的风险。④

---

① 王列 杨雪冬编译：《全球化与世界》，中央编译出版社，1998年版，第83页。
② Peter Taylor‑Gooby. et al. Risk and the welfare state. British Journal of Sociology, Vol. 50 No.2, p. 177.
③ 杨雪冬，薛晓源 主编《"第三条道路"与新的理论》，社会科学文献出版社，2000年版，第73页。
④ [英]安东尼·吉登斯 著 李惠斌 杨雪冬 译《超越左与右——激进政治的未来》，社会科学文献出版社，2000年版，第141页。

把福利制度理解为风险管理制度的思想认为，国家有义务为受到失业、疾病、贫困或其他福利制度涵盖的风险影响的人们提供援助，这种援助很大程度上表现为西方福利国家有效地实现了社会保险的普遍化，尤其实现了整个生命周期社会保险的普遍化。这意味着全社会相对固定的风险分配。

全球化是一个多维度的进程，这一进程同时在社会的各个领域中展开，对社会的经济、政治、文化和人们的价值观念都产生了巨大的影响。同样，全球化对福利国家也提出了巨大的挑战，作为福利国家的三个结构性根源：民族国家、劳资妥协和风险管理，在全球化的进程中都面临着诸多困境。

在全球化的当前阶段，出现了民族国家的调控功能相对削弱的现象。经济全球化使国际竞争日益加剧，贸易壁垒的破除和世界市场的出现，跨国政治组织和经济组织的不断成长和发展，这些全球化的进程使得一国政府在对本国的经济社会管理中不再享有绝对的排他性，而这深深影响了国家福利政策的应用范围。

随着布雷顿森林体系的瓦解，民族国家推行凯恩斯主义政策所需要的良好国际环境便消失了："今天，许多在某个国家边界之内发生的事情，直接取决于在这个国家之外发生的事件，因此无法用内政手段来控制。"[①] 二战后，民族国家的充分就业政策和

[①] ［德］乌尔里希·贝克，哈贝马斯 等著《全球化与政治》，中央编译出版社，2000年版，第102页。

社会福利政策得到国际上的保证。布雷顿森林体系所缔造的世界经济秩序，在美国霸权的主导下，为参加进来的民族国家调控各自的经济提供了很高水平的相互支持。在这一体系中，民族国家承担的任务是从政治上保证充分就业。而现在，这种保证却被达到前所未有的无序程度的国际相互依赖所取代，它使民族国家的制度和政策遭受国际竞争的摆布。

新的全球化时期冲击了福利国家的经济基础，国家越来越缺乏对经济生活提供有效的中央控制的政治调控的能力。政治调控的有效性取决于满足所谓的全等条件。根据国际法的古老的三要素学说，在阐述"人民""领土"和"国家权力"这三个定义要素时，其出发点就是它们必须属于同一个整体。按照这一概念，国家权力覆盖人民赖以生活的领土，因此，只要经济活动、文化的创造和利用绝大部分是在民族国家边界的范围内进行的，这样的活动就能由民族国家的措施来调控。但是，随着全球化所造成的全等条件的逐步瓦解，经济活动的日益跨国化，资本的高度流动性，包括跨国公司在内的各种国际政治组织和经济组织的日益发展壮大，使得国家在很大程度上失去了保持调控能力和证明合法性的必要前提。

全球化破坏了劳资之间所达成的社会契约。从1970年代开始，资本主义的经济逻辑开始将自己从社会关注中分离出来。这一变化深受新自由主义思潮的影响。新自由主义强调：自由市场不仅是效率最高的，而且也是最符合社会公正的资源配置机制，因此放松调控对所有人都有利。而新自由主义思想也是当前全球化在意识形态上的重要源泉。目前，全球化在很大程度上表现为资本主义市场的全球性扩张，以及市场力量以迅猛的速度从政治和机构的调控中解脱出来。在全球化进程中，资本主义经济正在不断地摆脱人们对它的社会和政治控制，以往那些基本上不受市场统治和支配的生活领域开始愈加严重地"市场化""经济化"，其结果便是民族国家的各项政治经济管理制度竞相放松调控，从而导致社会保障逐渐丧失，社会福利标准普遍下降。因此，雅克·阿达认为："全球化现象被看作是经济对社会和政治的报复。"[①]

随着全球化进程的深入，资本的跨国流动能力越来越强，它不仅能够摆脱国家原有的支持，而且在与国家的谈判关系中具有更强的要挟能力。于是，一方面是资本在不满意时从民族国家联系中撤出的能力在增强，另一方面则是流动性较差的劳动力的各种组织在强制资本接受在其盈利目标和社会目标之间实行妥协时的能力在减弱。近些年来，这种强资本弱劳工的格局表现得日趋明显，在量上的表现就是资本利润异乎寻常地剧增，而实际工资的增长远远落后于资本利润的增长。同时，流动性很强的资本要

[①] 王列　杨雪冬编译：《全球化与世界》，中央编译出版社，1998年版，第24页。

挟能力的提高还迫使民族国家之间为了留住资本而展开了"经济基地的竞争"。在这场竞争中，出现了国家之间在现实经济社会中降低各项福利标准的竞赛：实际工资、税收和社会福利标准被不断向下调整；用于公共产品、公共服务的支出不断减少；生态环境的保护被不可原谅地忽视了，而这些在很大程度上都是以牺牲劳工利益为代价的。

此外，国家风险管理机制在全球化进程中也面临诸多挑战。

首先，全球化可以被理解为世界范围的社会关系的强化，这种全球性社会关系密度的不断增强，使得风险的不确定性、广泛性和流动性也在加大，这就是"风险的全球化"。吉登斯在《现代性的后果》一书中，列举了一些"风险的全球化"的范例：高强度意义上风险的全球化，如核战争构成的对人类生存的威胁；突发事件不断增长意义上的风险的全球化，这些事件影响着每一个人，如全球化劳动分工的变化；影响着千百万人生活机会的制度化风险环境的发展，如投资市场。[①] 福利国家与控制风险之间的联系是非常紧密的，然而在全球化的进程中，风险的全球化所带来的风险的弥散性与流动性使得传统的以民族国家为基础的风险管理模式正受到挑战，包括生态风险、金融风险在内的许多风险已超越了民族国家的管理权限，需要国际合作乃至全球治理才

[①] ［英］安东尼·吉登斯 著 田禾 译《现代性的后果》，译林出版社，2000年版，第109页。

能有效控制。

其次，全球化进程也在关于对风险的认识和理解方面引入了一些新的视角。以往，风险主要被理解为由无法抵御的自然力量或类似于自然力量的人类的外部干涉活动所造成的后果——外部风险；而现在对于风险的认识则包括了这样一种意识：人们为了减轻风险而通过各种技术对自然进行的干预和通过各种政府政策或经济活动对社会进行的干预，有可能产生无法预测的和更难以控制的风险——人为风险。全球化带来了巨大的社会变革，在迅速变迁的信息社会和技术社会中，人们所承受的风险也在发生变化，新型的人为风险不断出现，如与全球化所带来的技术变迁、全球性经济竞争、社会排斥等有关的风险，这些风险包括广大非熟练工人失业的风险、贫富分化不断加剧引发社会冲突的风险等。而在这种背景下，传统的福利国家很难及时调整自己的步伐，以便覆盖这些新型的风险。

全球化对福利国家的三个结构性根源即民族国家、劳资妥协和风险管理，都带来了巨大的挑战。那么，在全球化这样一种不可抗拒的社会进程中，福利国家的未来发展趋势应当是怎样的呢？怎样才能在福利国家原有的三个结构性根源的基础上构筑起适应全球化进程的、更为合理的社会福利制度呢？

5. 全球治理——应对全球"风险社会"的挑战

可以说，全球化造成了一种两难困境：全球化在增大对国家提供保障、管理风险方面的需求的同时，又降低了国家有效地发挥这一作用的能力。同时，人类大量经济活动和社会活动的力量得不到跨国性机制的有效约束；当出现了超越民族国家的地区性或全球性风险时，缺少有效的世界性的机构来弥补这个"权力真空"。

可见，当今全球化时代的很多风险单靠民族国家本身和冷战时代建立的以西方为中心的一些国际组织和机制已很难进行有效的管理。事实是，全球化使以往可以在民族国家范围内有效管理的许多风险再也无法内部消化，所以，风险应对和风险管理也逐渐相应地要求全球性的制度和程序，全球化时代，很多风险只有在国际范围甚至在全球范围内，才能进行有效地控制与管理。任何一个国家未来的风险管理都需要跟上风险全球化的趋势。

一是从消极的以国家为基础的风险管理机制向积极的全球性的风险管理机制转变。

全球化进程所带来的巨大社会变革，使得现代社会日益成为一种风险社会，其不仅仅体现为风险的更直接的全球化形式，也表现为日复一日的生活所体现的人为风险的不确定性。而传统的福利国家控制外部风险的手段已越来越难以解决全球性的风险和人为风险。从这个角度出发，吉登斯特别强调"福利国家目前面临的问题不应该被视为财政危机,而是风险管理危机"①。鉴于此,他提出要建立积极的福利。与本质上在事后解决问题,以分配为主要手段的传统福利国家相比,积极福利更重视使用生活政治措施,强调发挥各种主体的自主性以及责任感。他认为,必须摆脱把"事后关怀"当作解决风险的主要手段,从一开始就要着手预防,并且要根据具体情况采取不同的措施。② 以往大部分福利措施的目的是解决已经发生的风险所造成的后果,而不是切断风险发生的根源,这是传统福利国家在风险管理上失效的主要原因。而且,由于新型的人为风险不断出现,福利国家补救风险的耗费越来越大,福利机构的运作成本也变得越来越高,已经到了难以维持的地步。相比而言,积极福利提供能动性的预防性的风险管理方案。尽管比较以往实施的"事后纠正性"措施,这些积极的福利方案也许是相当长期的,但是这些长期的积极的福利形式不但容易实施而且成本很低。例如,在当代西方社会中,对因交通事故而受伤致残的人进行救济占国家福利开支的很大一部分比例,而积极的福利方案则主张,通过制定更能动的政策就有可能大幅度地减少这类事件的发生,这些政策包括:严格执行限

---

① [英]安东尼·吉登斯 著 李惠斌 杨雪冬 译《超越左与右——激进政治的未来》,社会科学文献出版社,2000年版,第187页。
② [英]安东尼·吉登斯 著 李惠斌 杨雪冬 译《超越左与右——激进政治的未来》,社会科学文献出版社,2000年版,译者序言二,第38页。

速、完善交通设计、减少私人车辆、加强公共交通管理。①又如，在全球化进程中，传统社会福利国家补救失业风险的耗费越来越大，而"积极"的福利政策则倡导提供能动性的失业风险管理方案，即国家不仅要致力于提供各种抵御失业风险的保障，更应积极努力地进行一种"机会管理"。打着传统烙印的失业救济制度建立在把一种毫无例外的终生就业当作社会常态的设想基础之上，而全球化进程中，人们所承受的风险在发生变化，而且产生风险的经济社会根源也在发生变化，当前的失业风险与全球化所带来的快速技术变迁、激烈的全球性竞争等因素有关。所以，以往那种毫无例外的终生就业观念应当进行转换，且在这种转换过程中，国家应当积极推行一种"机会管理"，即对个体而言，谁出现了中断职业生活的风险，谁就应当可以把职业劳动时间换成学习与继续提高技术的时间，国家福利的支出应引向人力资源的投资上。

同时，必须从个人层次上和更加全球化的层次上来建构管理风险的必要框架。全球化进程中，在控制风险方面，"福利"与"国家"之间的内在联系在某些方面就要被打破。一方面，个体应当具有越来越强的风险意识，在管理自身的风险方面，需要承担更多的责任，以一种责任意识来对待风险；另一方面，国家在

---

① [英]安东尼·吉登斯 著 李惠斌 杨雪冬 译《超越左与右——激进政治的未来》，社会科学文献出版社，2000年版，第158—159页。

管理风险方面，不应把它的行动完全限制在它的边界之内。例如，通过减少污染来改善环境状况和健康情况的有效措施可能需要国际的甚至全球范围的合作。因此，传统的以国家为中心的处理风险的方式应当加以改进，应当以各种更加灵活的、积极的组织方式来管理风险，从个体、地方、国家乃至全球的各种不同角度来考虑构筑综合型的全球风险管理机制。

二是身处全球化时代的"风险社会"，若要较为有效地管理和控制各种风险，"全球治理"将是一条有效的路径。

1989年世界银行首次提出了"治理危机"（crisis in governance），并于1992年发表了"治理与发展"的年度报告，此后，"治理"这个术语被人们广泛使用。近年来，"治理危机"概念又被应用于解决国际间和全球的重大问题，"全球治理"的概念因此而被明确地提了出来，成为全球公共事务领域中的一个流行术语。不同的学者和机构从各自的角度出发，对"全球治理"给予了各自不同的定义。其中，联合国全球治理委员会的定义比较有权威性和代表性："治理是个人和公共或私人机构管理其共同事务的诸多方式的总和。它是使相互冲突的或不同利益得以调和并且采取联合行动的持续的过程。它既包括有权迫使人们服从的正式制度和规则，也包括人民和机构同意的或以为符合其利益的非正式的制度安排。"

为什么"全球治理"能够应对全球化时代的"风险社会"？

在这里，有必要将"全球治理"与以往的建立在各民族国家基础上的风险管理制度做一比较。工业化和现代化以来所形成的以各民族国家为基础的风险管理制度的一个核心特点就是以政府统治的方式来运行，无论是建立全社会的社会保险体系，还是构建防灾减灾体系、公共医疗体系等，以对贫困、疾病、灾害等这些威胁国家稳定的风险进行管理，都是通过运用政府权威，以政府发布法规命令、制定政策和实施政策的方式来实行的。而全球治理中的"治理"与政府统治中的"统治"有着很大的不同。首先，权威的行使主体不同。统治的权威必定是政府，统治的主体相应的也一定是社会的公共机构；而治理虽然需要权威，但政府并不垄断一切权威，治理的主体可以是公共机构，也可以是私人机构，还可以是公共机构和私人机构的合作。英国学者托尼·麦克格鲁指出，当前的全球治理体系中，至少包含以下五个主要的主体或者说基本单元：超国家组织（如联合国）、区域性组织（如欧盟等）、跨国组织（如非正式的全球公民社会组织与商业网络）、亚国家（如公共协会和城市政府等）、民族国家。它是多头或者多元的，其中既有公共机构也有私人机构，不存在单一的权威中心。[①] 其次，权力运行的向度不一样。政府统治的权力运行方向总是运用法定权力、自上而下地对公共事务实行单一向度的

---

① 李惠斌 主编《全球化与公民社会》，广西师范大学出版社，2003年4月版，第95页。

管理；而治理则是一个互动的管理过程，其权力向度是多元的、相互的。全球治理正是通过各行为主体之间的合作、协商及伙伴关系，确立认同和共同的目标等方式实施对全球公共事务的管理。最后，管理的范围不同，政府统治所涉及的范围是以领土为边界的民族国家，而治理由于其权威主体的多元化和权力运行向度的多元性，所涉及的对象则要宽泛得多，既可以是特定领土界限内的民族国家，也可以是超越国家领土界限的国际领域和全球领域。[①] 在全球化发展过程中，各类全球性问题与全球性风险与日俱增，这类问题或风险由于超越了民族国家的管辖范围而在世界范围内又不存在一个高级权威，往往不能得到有效治理。而全球治理则可以弥补这一"权力真空"现象。

以上全球治理与政府统治之间的本质性区别，使得全球治理能够成为一条较为有效的管理控制全球化时代的各种风险的路径。

首先，从全球治理中治理主体的多元化来看，全球治理的参与者既可以是各民族国家的政府，也可以是正式的国际组织，还可以是各类非政府组织、跨国公司乃至企业、社区、宗教团体等。治理的主体涵盖了全球社会中的公共机构和私人机构。人类

---

① 有关论述"治理"与"统治"之间的区别的论文很多，其中比较经典的论述可参见：李惠斌 主编《全球化与公民社会》，广西师范大学出版社，2003年4月版，第69—70页。

社会进入工业化和现代化以来的风险管理制度大都是建立在各个民族国家的基础之上，其中，各国政府作为管理风险的单一主体，承担、吸纳了绝大部分社会发展过程中所出现的风险。而现在的情况是，全球化过程中出现了越来越多的新型风险和"被制造出来的风险"，而其中的大部分风险具有跨国性或全球性的特征。无论从管理范围上还是从管理职能上来看，单靠各国政府来承担全球化时代的风险管理责任已显得捉襟见肘。在这种背景下，强调治理主体多元化的"全球治理"体系则可以有效地承担起管理控制全球化时代的风险的责任。例如，在对全球生态风险的管理中，包括绿色和平组织在内的各类民间生态环保组织正发挥着巨大的作用。近年来，非政府环境组织解决国际环境问题的能力已经有了相当大的提高，它们在推动国际政治的"绿化"，促进建立人类与生态自然和谐相处的发展战略等方面起到了积极的作用。在对于全球失业风险的管理中，包括国际劳工组织、妇女组织等在内的一些国际性组织也正显示出越来越大的重要性，它们在改善全球就业环境、提高劳工待遇、加强劳工培训、帮助弱势群体就业等方面发挥了重要作用。

其次，从权力运行的向度来看，"全球治理"体系中权力运行的向度不是单一的和自上而下的，而是多元的、相互的。全球治理不是世界政府或超国家权威执行的统治，而是各国政府、非政府组织等与社会的平等合作，它强调国家政府与公民社会的合作、政府与非政府组织的合作、公共机构与私人机构的合作、强制与自愿的结合。它主要通过合作、协商、确立认同等方式实施管理，它所拥有的管理机制主要不依靠政府的权威，而是合作网络的权威，在这个意义上，全球治理是一种"网络治理"。身处其中，各民族国家政府逐渐认识到，在管理控制各种风险的过程中，必须和其他众多的行动者分享权力、合作管理，否则就会受到利害相关者的牵制而难以执行其政策。在全球金融一体化的今天，为了有效管理金融风险、实施金融监管，各东道国政府越来越重视与在本国投资的各大跨国公司的沟通协商和包括国际货币基金组织、世界银行等在内的国际经济组织的合作。在2003年出现的SARS危机中，许多爆发疫情的国家充分重视与包括世界卫生组织、国际红十字会、以及诸多民间社团组织等在内的政府间国际组织和非政府组织的合作，在信息传递、防治措施、救治手段等方面相互合作、资源共享，从而有效地控制了这场风险。

再次，由于全球治理体系突出治理主体的多元化和权力运行向度的多元性，因此，全球治理所涉及的治理范围要宽泛得多，可以较为有效地管理和控制那些超越了民族国家疆界的地区性和全球性风险。以民族国家为主体的风险管理制度，由于其政府管辖权限的制约，往往难以有效地管理那些跨国的地区性风险或全球性风险。例如，由包括全球变暖、臭氧层破坏、跨国污染等在内的一系列因素造成的全球生态风险；由国际投机性游资从某一地区的大规模撤离所引发的区域性金融风险；等等。而全球治理体系则可以通过政府间的合作，政府与国际组织、非政府组织的协商与合作，公共机构与私人机构的协作等各种治理主体间的互动与合作，以一种"网络治理"的模式，来处理和控制这些超越了民族国家政府管辖权限的风险与危机。

在全球化时代的"风险社会"中，"全球治理"无疑为人们提供了一条有效的管理风险的路径。但不可否认的是，"全球治理"理论本身还面临着许多困境，在一些重大问题上还存在着很大争议，如在全球治理过程中存在着合法性的不足、协调的不足、服从的不足等问题。尽管这样，作为国际公共管理的一种新趋势，"全球治理"无论在理论上还是在实践上都是有着十分积极的意义的。

后　记

　　记得大约是 1999 年，当时我正在南京大学社会学系读博士一年级，一次在学校的外文图书馆看到了一本英文书：*Risk Society*，这就是日后在国内风靡一时的由德国著名社会学家乌尔里希·贝克所撰写的《风险社会》一书。这本书开启了我对"风险社会"理论的关注和研究，在后来的博士论文《经济全球化进程中的社会风险及其管理》，以及博士毕业进入社科研究机构和高校的一系列研究专著《经济全球化与社会风险》《和谐社会中的社会风险管理》，代表性论文《风险社会与全球治理》中，我始终围绕着"风险"这一主题展开研究。

　　在我以往的研究中，受"风险社会"理论的影响，我一直认为"风险"是 20 世纪 70、80 年代开启的高级现代性的一个重要特征，是现代化发展到一定阶段的产物。而这些年来，通过研究，我深刻领悟到，"风险"实际是现代性的重要维度之一。现代性在自启蒙运动、工业革命后开始萌发的过程中，风险及风险文化一直是其重要特征，风险一直伴随着现代性的进程。可以说，现代性是一种风险文化。从"风险"的角度来看现代性，这或许是理解、阐释现代性的一种新视角，基于这一思路，我展开了相应的研究，这本书便是研究成果。

参考书目

1. ［英］安东尼·吉登斯 著 李惠斌 杨雪冬 译《超越左与右——激进政治的未来》，社会科学文献出版社，2000年版。

2. ［英］安东尼·吉登斯 著 胡宗泽 赵力涛 译《民族-国家与暴力》，三联书店，1998年版。

3. ［英］安东尼·吉登斯 著《现代性与自我认同》，三联书店，1998年版。

4. ［英］安东尼·吉登斯 著 田禾 译《现代性的后果》，译林出版社，2000年版。

5. ［英］安东尼·吉登斯 著 郑戈 译《第三条道路——社会民主主义的复兴》，北京大学出版社，2000年版。

6. ［英］安东尼·吉登斯 著 李康 李猛译《社会的构成》，三联书店，1998年版。

7. ［英］安东尼·吉登斯 著 郭忠华 潘华凌 译《资本主义与现代社会理论——对马克思、涂尔干和韦伯著作的分析》，上海译文出版社，2013年版。

8. ［英］安东尼·吉登斯 著 周红云 译《失控的世界》，江西人民出版社，2001年版。

9. ［英］安东尼·吉登斯 著 曹荣湘 译《气候变化的政治》，社会科学文献出版社，2009年版。

10. ［英］尼格尔·多德 著《社会理论与现代性》，社会科学文献出版社，2002年版。

11. ［英］齐格蒙特·鲍曼 著《现代性与矛盾性》，商务印书馆，2013年版。

12. ［英］珍妮·斯蒂尔 著《风险与法律理论》，中国政法大学出版社，2012年版。

13. ［英］艾伦·麦克法兰 著《现代世界的诞生》，世纪出版集团，2013年版。

14. ［英］芭芭拉·亚当，乌尔里希·贝克 等编著 赵延东 马缨 等译《风险社会及其超越：社会理论的关键议题》，北京出版社，2005年版。

15. ［法］达尼洛·马尔图切利 著《现代性社会学》，译林出版社，2007年版。

16. ［美］塞缪尔·亨廷顿等 著《现代化，理论与历史经验的再探讨》，上海译文出版社，1993年版。

17. ［美］西里尔·X·布莱克 编《比较现代化》，上海译文出版社，1996年版。

18. ［美］马歇尔·伯曼 著《一切坚固的东西都烟消云散了：现代性体验》，商务印书馆，2015年版。

19. ［法］雷蒙·阿隆著《社会学主要思潮》，华夏出版社，2000年版。

20. ［美］珍妮·X·卡斯帕森等 编著《风险的社会视野》，中国劳动社会保障出版社，2010年版。

21. ［英］彼得·泰勒－顾柏等 编著《社会科学中的风险研究》，中国劳动社会保障出版社，2010年版。

22. ［英］尼克·皮金等 编著《风险的社会放大》中国劳动社会保障出版社，2010年版。

23. ［德］斐迪南·滕尼斯 著《新时代的精神》，北京大学出版社，2006年版。

24. ［德］尼克拉斯·卢曼 著《信任》，上海世纪出版集团，2005年版。

25. ［德］乌尔里希·贝克 等 著《自反性现代化》，商务印书馆，2001年版。

26. ［德］乌尔里希·贝克，约翰内斯·威尔姆斯 著 路国林译《自由与资本主义》，浙江人民出版社，2001年版。

27. ［德］乌尔里希·贝克，哈贝马斯 等著《全球化与政治》，中央编译出版社，2000年版。

28. ［英］戴维·赫尔德 等著《全球大变革》，社会科学文献出版社，2001年版。

29. ［英］马丁·阿尔布劳 著《全球时代：超越现代性之外的国家和社会》，商务印书馆，2001年版。

30. [德] 阿诺德·盖伦 著《技术时代的人类心灵——工业社会的社会心理问题》，上海世纪出版集团，2008 年版。

31. [德] 西美尔 著《货币哲学》，华夏出版社，2002 年版。

32. [意] 艾伯特·马蒂内利著《全球现代化——重思现代性事业》，商务印书馆，2010 年版。

33、卡尔·波兰尼著《巨变——当代政治与经济的起源》，社会科学文献出版社，2013 年版。

34. [英] 戴维·赫尔德等 著 谢来辉 译《气候变化的治理：科学、经济学、政治学与伦理学》，社会科学文献出版社，2012 年版。

35. [美] 乔治·洛奇 著《全球化的管理——相互依存时代的全球化趋势》，上海译文出版社，1998 年版。

36. [美] 罗伯特·吉尔平 著《全球资本主义的挑战》，上海人民出版社，2001 年版。

37. [美] 洛威尔·布赖恩 著《无疆界市场》，上海人民出版社，1999 年版。

38. [法] 雅克·阿达 著《经济全球化》，中央编译出版社，2000 年版。

39. [美] 华勒斯坦 等著《开放社会科学》，三联书店，1997 年版。

40. [澳大利亚] 狄波拉·勒普顿著《风险》，南京大学出版社，2016 年版。

41. ［美］彼得·索尔谢姆 著《发明污染：工业革命以来的煤、烟与文化》，上海社会科学院出版社，2016 年版。

42. 金观涛 著《探索现代社会的起源》，社会科学文献出版社，2010 年版。

43. 杨雪冬，薛晓源 主编《"第三条道路"与新的理论》，社会科学文献出版社，2000 年版。

44. 衣俊卿 著《现代性的维度》，黑龙江大学出版社 中央编译出版社，2011 年版。

45. 汪民安 著《现代性》，南京大学出版社，2012 年版。

46. 庄友刚 著《跨越风险社会：风险社会的历史唯物主义研究》，人民出版社，2008 年版。

47. 薛秀军 著《直面风险：现代性困境与当代中国求解》，厦门大学出版社，2010 年版。

48. 成伯清 著《走出现代性：当代西方社会学理论的重新定向》，社会科学文献出版社，2006 年版。

49. 李惠斌 主编《全球化与公民社会》，广西师范大学出版社，2003 年版。

50. 薛晓源，周战超 主编《全球化与风险社会》，社会科学文献出版社，2005 年版。

51. 王列，杨雪冬 编译《全球化与世界》，中央编译出版社，1998 年版。

52. 汪民安 等主编《现代性基本读本》，河南大学出版社，

2005年版。

53. 袁方 著《社会风险与社会风险管理》，经济科学出版社，2013年版。

54. 周志家 著《风险决策与风险管理——基于系统理论的研究》，社会科学文献出版社，2012年版。

55. 杨雪冬 "全球化、风险社会与复合治理" 载《马克思主义与现实》，2004年第4期。

56. 刘岩 孙长智 "风险概念的历史考察与内涵解析"，载《长春理工大学学报（社会科学版）》，2007年第3期。

57. 薛宵源 刘国良 "全球风险世界：现在与未来——德国著名社会学家、风险社会理论创始人乌尔里希·贝克教授访谈录"，载《马克思主义与现实》，2005年第1期。

58. 郑杭生 洪大用 "中国转型期的社会安全隐患与对策" 载《中国人民大学学报》，2004年第5期。

59. 苏国勋 "全球化背景下的文化冲突与共生"，载《中国社会科学院院报》，2003年10月刊。

60. 王金存 "经济全球化的性质及其与资本主义经济的关系"，载《国外理论动态》，2000年第5期。

61. 沈红文 编写 "德国学者谈全球化和全球治理"，载《国外理论动态》，2000年第5期。

62. 杨玉生 "西方马克思主义者与非马克思主义者经济全球化思想评介"，载《经济学动态》，2000年第9期。

63. 陈路 编写"全球化条件下的世界组织模式",载《国外理论动态》,2000年第7期。

64. 李其庆 编写"全球化与人类解放——构建公民世界"巴黎国际大会述要,载《国外理论动态》,2001年第1期。

65. 刘挺"风险社会与全球治理",载《社会科学家》,2004年第2期。

66. 刘挺"论全球化进程中的生态风险",载《社会科学》,2002年第8期。

67. 刘挺"全球化进程中的福利国家",载《甘肃社会科学》,2006年第3期。

68. 刘挺"现代化、全球化:延续或断裂?",载《广西社会科学》,2005年第7期。

69. 刘挺"经济全球化进程中的贫富分化",载《学海》,2004年第6期。

70. Mouzelis, Nicos. *Modernity*:*a non – European conceptualization*. British Journal of Sociology Vol. 50 No. 1, 1999.

71. Peter Taylor – Gooby. et al. *Risk and the welfare state*. British Journal of Sociology Vol. 50 No. 2, 1999.

72. Curran, Dean. *What is a critical theory of the risk society? A reply to Beck*. British Journal of Sociology Vol. 64 No. 1, 2013.

73. Dodd, Nigel '*Strange money*':*risk, finance and socialized debt*. British Journal of Sociology Vol. 62 No. 1, 2011.

74. Curran, Dean. *Risk society and the distribution of bads: theorizing class in the risk society.* British Journal of Sociology Vol. 64 No. 1, 2013.

75. Walklate, Sandra. and Mythen, Gabriel. *Agency, reflexivity and risk: cosmopolitan, neurotic or prudential citizen?* British Journal of Sociology Vol. 61 No. 1, 2010.

76. Ericson, Richard V. and Doyle, Aaron. ed. *Risk and Morality.* University of Toronto Press, 2003.

77. Martinelli, Alberto. *Global Modernization.* SAGE Publications, 2005.

78. Waters, Malcolm. *Modernity: Critical Concepts.* Vol. 1. Routledge, 1999.

79. Waters, Malcolm. *Modernity: Critical Concepts.* Vol. 2. Routledge, 1999.

80. Waters, Malcolm. *Modernity: Critical Concepts.* Vol. 3. Routledge, 1999.

81. Waters, Malcolm. *Modernity: Critical Concepts.* Vol. 4. Routledge, 1999.

82. Delanty, Gerard. *Social Theory in a Changing World: Conceptions of Modernity.* Polity Press, 1999.

83. Culpitt, Ian. *Social Policy and Risk.* SAGE Publications, 1999.

84. Beck, Ulrich. *Risk Society*. SAGE Publication, 1992.

85. Featherstone, Mike. et al. (ed.) *Global Modernities*. SAGE Publication, 1995.

86. Leonard, Peter. *Postmodern Welfare: Reconstructing an Emancipatory Project*. SAGE Publication, 1997.

87. Sztompka, Piotr. *Trust: A Sociological Theory*. Cambridge University Press, 1999.

88. Dixon, John *Social Security in global perspective*. Greenwood Publishing Group, Inc, 1999.

89. Vayrynen, Raimo ed. *Globalization and global governance*. Rowman and Littlefield Publishers, Inc, 1999.

90. Arthur G. Neal *Sociological perspectives on modernity*. Peter Lang Inc. International Academic Publishers, 2007